사업 수주를 부르는
제안 필승 가이드

수주영업, 전략개발, 제안서 작성, 경쟁 PT까지

사업 수주를 부르는
제안 필승 가이드

2022년 6월 8일 초판 1쇄 인쇄
2025년 5월 30일 초판 2쇄 발행

지은이 진영순
디자인 기민주
교 정 임지은
펴낸곳 왓어북
펴낸이 안유정

신고번호 제2021-000024호
이메일 wataboog@gmail.com
팩스 02-6280-2932

ISBN 979-11-975706-5-0 03320

ⓒ진영순, 2022

수주영업, 전략개발, 제안서 작성, 경쟁 PT까지

사업 수주를 부르는 제안 필승 가이드

진영순 지음

왓어북

들어가며

제안 초보들을 위하여

예전에 회사 동료가 물어본 적이 있다. 제안 업무를 1년 내내 하면 힘들지 않느냐고. 나는 그동안 제안 업무를 10년 넘게 해왔다. 핸디소프트 컨설팅팀에 입사한 후 퇴사할 때까지 제안과 사전영업 업무를 했고, 그 전에도 지식경영 관련 제품의 기술지원 업무와 제안을 병행했다. 헤어보니 거의 15년. 꽤 긴 세월이다.

해본 사람들은 알겠지만, 제안 작업은 꽤 힘들다. 누구나 자기가 하는 일이 가장 힘들다고 말하겠지만, 제안 작업은 속한 산업군이 무엇이든 주위에서 인정할 만큼 고된 업무다. 야근과 밤샘을 밥 먹듯 하며 노력한 결과 프로젝트를 수주하면 기분이 좋지만 실주, 즉 발주에서 탈락하기라도 하면 초상집을 방불케 하는 분위기를 느낄 수 있다. 제안 업무를 하는 사람들은 누구나 어느 정도의 스트레스를 기본으로 갖고 일을 한다.

제안 업무가 힘든 또 다른 이유는 업무 자체가 복잡하고 전문성을 요하기 때문이다. 제품이나 솔루션을 소개하는 형식의 비교적 간편한 제안서를 제외하고, 많은 경우 제안서는 고객의 요구사항이 있고 이를 충족시키기 위한 방안을 구체적으로 문서화해 정해진 날짜까지 전달해야 한다. 이 과정에서 제안의 핵심인 전략 수립부터 수행 방안, 일정, 자원과 인력 투입, 프로젝트 관리 등 세세한 부분까지를 문서에 명시해야 한다. 이처럼 제안 과정에는 어느 하나 소홀히 할 수 없는 업무들이 수두룩하다.

그러나 나는 제안 업무가 재미있었다. 제안 업무에 참여하면 단순한 지원 업무건 제안 PM(Project Manager) 역할이건 왠지 생기가 돈다. 제안 업무 착수 직전까지 기분이 다운되어 있더라도, 막상 일을 시작하면 활기가 살아나기 시작한다. 내가 생각해도 좀 신기하다. 나는 제안 작업을 할 때 업무 몰입도가 가장 높다는 것을 느낀다. 그 몰입의 순간을 즐기기 때문에 제안서 작업이 재미있는지도 모르겠다.

같이 제안 작업을 하던 동료들과 농담 삼아 나눈 얘기가 있다. "제안 작업을 할 때 가장 좋은 점은 시간이 잘 간다는 거야. 제일 안 좋은 점도 시간이 너무 빨리 간다는 거지."

많은 사람들이 기존에 작성된 제안서를 기반으로 수정하고 편집해서 새로운 제안서를 쓰고 있다. 흔히들 제안서 작업은 복사해서 붙여넣기(일명 '카피 앤 페이스트copy & paste')의 연속이라고 한다. 사실 기존 제안서 아카이브가 잘 갖춰져 있으면 비교적 수월하게 제안서를 작성할 수 있긴 하다. 하지만 제안서의 기본을 알고 쓰는 것과 모르고 쓰는 것의 차이는 매우 크다. 도형 하나, 문구 하나의 내용을 완전히 이해하지 않고 베껴 쓴 제안서는 실주하기 쉽다. 혹시 수주에 성공했다 하더라도 실수로 잘못 쓰인 문구 하나 때문에 프로젝트에서 큰 손해를 입을 수도 있으니, 이 경우 실주보다 더 좋지 않은 새드 엔딩이 될 수도 있다.

제안 작업을 할 때 "어떻게 하면 제안서를 잘 쓸 수 있죠?"라고 질문하면 대부분 "카피 앤 페이스트만 잘하면 돼"라거나 "그냥 많이 써보는 수밖에 없어"라고 대답할 것이다. 아마 제안 작업을 많이 해본 사람들 대부분이 처음에는 카피 앤 페이스트로 시작해서 무작정 부딪히면서 일을 해왔기 때문일 것이다. 나도 그랬다.

하지만 원칙을 알고 시작하면 확실히 업무가 쉬워지고 수주 가능성도 월등히 높아진다. 나는 이 책에서 15년에 걸쳐 터득한 제안 작업의 본질과 원칙, 프로세스에 따른 제안서 작성 방법을 나누고자 한다. 제안 작업을 맡았다면 좀 더 편하고 쉽게 진행하고,

좀 더 자주 이기고 싶은 것이 자연스러운 마음일 것이다. 이 책에는 세세한 부분과 실전 요령이 담겨 있다. 모두 현장에서 제안 작업을 하는 동안 체득한 것들이라 이론보다는 실무에 바로 쓸 수 있는 실용적인 면이 더 강하다. 책을 그대로 따라 하나씩 실천해보면 제안 작업이 정말 쉬워지는 것을 느낄 것이다. 자, 이제부터 함께 시작해보자.

차례

들어가며 | 제안 초보들을 위하여 ... 4

시작   제안의 기본: 제안서란 무엇인가? ... 13

제안서란 무엇인가?
- 제안을 잘하려면 제안서의 정의부터 알아야 한다 ... 15
- 제안서를 한 번도 안 써봤어요 ... 20

제1장   사전영업: 성공하는 제안의 첫걸음 ... 23

제안요청과 사전영업 — 처음 단계의 시작
- 제안요청서가 나오기도 전에 영업은 시작된다 ... 25
- 영업대표의 능력은 매우 중요하다 ... 29
- 미리 정보를 알아내면 승률이 높아진다 ... 31
- 콕 집어서 어떤 정보를 수집할까? ... 32
- 고객을 많이 만나는 수밖에 없다 ... 38

제2장   제안준비: 무작정 제안서부터 쓰지 말자 ... 43

제안요청서 낱낱이 해부하기
- 제안요청서는 어떻게 읽고 분석해야 할까? ... 45
- 제안요청 설명회에 참석하자 ... 49
- 제안요청서를 교과서 보듯이 하라 ... 52
- 제안요청서의 구조에 익숙해지자 ... 56
- 제안서 쓰기의 기본 중 기본은? ... 59
- 요구사항은 꼼꼼하게 분석하라 ... 63
- 맡은 역할을 확실히 파악하자 ... 66

제3장 제안서 작성: 본격적으로 쓰기에 돌입하자 · 71

단계별로 차근차근 제안서 쓰기의 원칙

- 목차를 짜는 효과적인 방법: 스토리보드 · 73
- 마감은 생명이다: 일정관리 · 78
- 통일성 확보하기: 표준 템플릿 지정 · 82
- 대단원의 시작: 킥오프 미팅 · 86

제4장 제안전략: 제안 PM의 활약이 필요해 · 89

영업전략에서 제안전략으로

- 제안전략 수립은 제안 작업의 꽃이다 · 91
- 최고의 전략은 제안요청서에서 도출하자 · 96
- 고객사의 요구를 어디까지 맞출 수 있는가?: 기술분석 자료 · 99
- 무조건 1등을 목표로 하자 · 102
- 우리를 콕 집어 선택하게 만들기: 가치제안 · 105
- 1등 전략과 2등 전략 · 108
- 전략 수립 원칙, 매직넘버 3 · 111
- 메시지는 단순하고 명확하게 정리하자 · 118

제5장 제안서 작성 실무: 부문별 작성 가이드 · 123

부문별로 나눠 하나씩 작성해보기

- 표준제안서를 만들고 활용하자 · 125
- 부문별 제안서 작성 실무 · 128
- 리뷰는 중요하다 · 144

제6장 제안요약서: 평가위원의 눈에 드는 제안요약 · 155
제안을 요약해 보여준다 – 제안요약서 만들기
- 제안요약서는 핵심 필기 노트와도 같다 · 157
- 제안평가표 활용하기 · 159
- 제안요약서 만드는 방법 · 165

제7장 제안제출: 마지막까지 집중하라 · 167
마지막까지 집중해야 하는 이유
- 조견표를 만들어보자 · 169
- 기타 구성요소와 증빙서류 준비하기 · 173
- 제안서 제출 양식에 맞게 인쇄하기 · 177
- 온라인 제출하기 · 180

제8장 제안발표: 준비한 모든 걸 보여주는 시간 · 183
제안발표자료 작성은 내용 전달이 핵심
- 준비했으면 제대로 보여줘야 한다 · 185
- 제안발표 시나리오 만들기 · 188
- 제안발표자료 디자인 · 191
- 제안발표자료 작성하기 · 193
- 제안발표 스크립트 만들기 · 196
- Q&A 자료 만들기 · 200
- 제안발표 리허설: 실전처럼 연습하라 · 204
- 제안발표 스크립트 수정 & 연습하기 · 207
- 제안발표 리허설은 실감나게 · 210
- Q&A도 리허설이 필요하다 · 213
- 온라인 발표 준비하기 · 215

| 제9장 | **제안결과: 결정은 내려졌다** | 219 |

수주 성공과 실패를 넘어 다음을 위한 준비가 필요하다
- 미래를 준비하는 시간   221
- 제안서 대장 기록하기   224
- 왜 제안 결과를 기록하는가?   228

나오며 | 핵심 역량 키우기   231

시작

제안의 기본:
제안서란 무엇인가?

| 기본부터 알아보자 |

제안서란 무엇인가?

제안을 잘하려면
제안서의 정의부터 알아야 한다

광범위한 의미에서 제안서는 '사업 계획의 발전 및 개선을 위한 제안을 작성하는 양식'이다. 기업 내에서 신사업을 구상하고 내부 의사결정을 받기 위해 작성하는 기획서나 제품 기능과 적용 사례 등을 설명하기 위한 제품 소개서가 제안서와 유사한 개념으로 쓰이고 있다. 또한 사업 진행 보고서, 아이디어 기획서, 마케팅 기획서도 제안서와 유사한 문서로 볼 수 있다.

이렇게 광범위한 제안서들 중 이 책에서는 B2B^{Business to Business},

즉 '기업과 기업 간에 사업을 하기 위한 업무에 필요한 비즈니스 문서'의 의미로서 다룰 것이다. 간단한 예를 들어보자.

A공공기관은 최근 근무 형태의 변화에 대응해 사내 협업을 위한 시스템을 구축하려 한다. 사내 협업 방식은 젊은 임직원들에게 익숙한 SNS 형태로 결정되었다. A공공기관은 이에 대해 상세한 요구사항을 내고 수행할 업체를 찾기 위해 사업을 발주[1]한다. A공공기관이 이 시스템을 구축할 수 있는 업체를 찾아 사업공고를 내면, 이 시스템의 제공을 원하는 업체들은 사업을 수주[2]하기 위해 입찰 의사와 함께 자신이 이를 가장 잘할 수 있다는 증명을 서류 형태로 작성해 A공공기관에 제출한다. 이 서류가 바로 제안서다.

B기업이 이 사업을 수주하기 위해 제안서를 쓴다고 해보자. B기업의 제안서에는 B기업의 소개, 사업 능력, 제안하려는 시스템에 대한 상세한 기능 설명과 특장점 등이 담겨 있다. 또한 경쟁사 제품에 비해 어떤 면이 차별화되는지, 그리고 B기업의 제품을 선택하면 얻을 수 있는 이익이 무엇인지에 대한 내용도 포함된다. 즉, 말하자면 제안서는 '기업 혹은 기관에서 발주한 사업에 대해 해당

---

1 외부 업체의 도움이 필요한 시스템 개발이나 공사 계약 등에서 이를 맡아서 진행할 수 있는 업체를 찾아 주문하는 것.
2 업체가 계획한 내용과 견적 금액 등을 고객이 수락하고 계약을 체결하는 것.

사업을 수주하기 위해 제출하는 문서'라고 볼 수 있다. 바로 이런 제안서를 만드는 것이 제안팀이 하는 일이다. 이때 제안서를 작성해서 발주사에 전달하고, 그 내용을 프레젠테이션에서 설명하는 등 사업을 수주하기 위한 활동이 모두 제안의 범위에 들어간다.

제안서는 수주산업의 특징이기도 하다. 일반적으로 수주산업이라고 하면 기계·조선·건설 등 단가가 매우 높고, 제조에 걸리는 시간이 길며, 제품은 수요처의 특수한 사정에 맞춘 형태로 생산하는 산업을 생각한다. 그러나 꼭 기계나 조선 분야가 아니더라도 수주산업 형태의 사업은 얼마든지 있다.

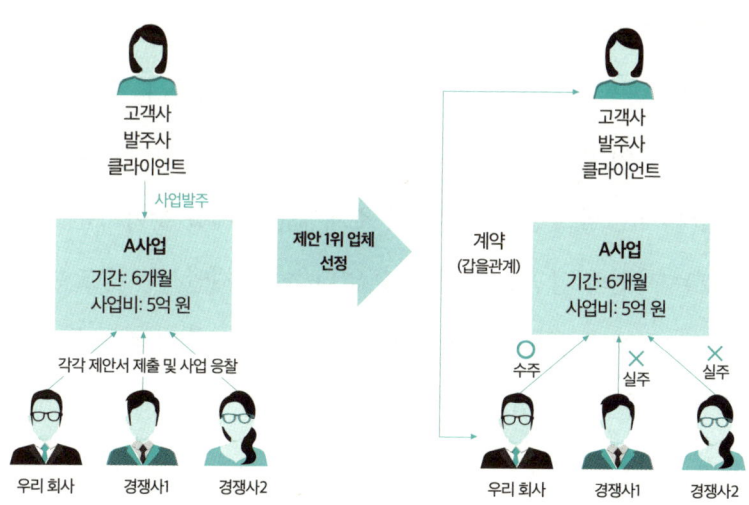

자료 1 B2B 사업에서의 제안

예를 들어, 어떤 기업에서 신규 직원을 많이 채용해 체계적인 인사관리가 필요해졌다고 가정해보자. 이에 따라 인사관리 시스템을 도입하기로 했다면, 이와 관련된 제품 중 그 기업의 필요에 꼭 맞는 기능을 한정된 사업비 내에서 제공해줄 업체를 찾아야 한다. 이때 해당 분야의 제품이나 서비스를 제공하는 업체를 찾아 경쟁입찰에 부친다. 이렇게 진행되는 것이 수주사업의 기본이다.

보통 우리는 물건이 필요할 때 마트나 백화점에 가서 고르고 값을 지불해 구매한다. 하지만 내 특수한 기호나 신체 특징에 딱 맞는 정장을 사려면 맞춤 양복점에 가서 신체 치수를 재고, 옷감과 디자인을 선택하고, 가봉한 옷을 입어보고, 여기저기 꼭 맞게 조정한 뒤에 완성된 정장을 받을 수 있다.

수주산업은 이와 비슷하지만 한 단계 더 나아간다. 수십억 원 혹은 수백억 원쯤 되는 예산이 들어가는 사업을 하려면 제품을 잘 만든다고 알려졌거나 지인이 소개해준 업체를 찾아가는 방식으로는 사업의 성공을 장담할 수 없다. 이때 제안서는 중요한 사업을 누구에게 맡겨야 할지 가늠하게 해주는 기준이 되는 문서인 것이다. 실제로 사업 현장에서 제안서는 계약서 다음가는 법적 효력을 지닌다.

사업은 규모에 따라 적게는 수천만 원에서 많게는 수백억 원이

들 수도 있다. 실제로 우수한 기술력을 갖췄더라도 제안서에 이를 제대로 표현하지 못하면 발주사는 이 기술력에 대한 정확한 정보를 알 수 없고, 결과적으로 사업 수주는 힘들다. 그래서 제안을 하는 쪽에서는 자신이 가진 역량을 텍스트와 그림, 표 등 효과적으로 설득할 수 있는 모든 수단을 동원해 제안서에 담아낸다. 제안서가 받아들여져 사업을 수주하게 되면 수행 조직과 연구개발 조직 등이 본격적으로 프로젝트에 참여하게 되므로, 제안에 직접 참여하지 않더라도 제안이 어떤 작업이고 제안서가 어떻게 작성되는지 알고 있으면 좋다.

만약 공공 분야의 제안요청서를 한 번도 접해보지 못했거나 어떻게 생겼는지 알고 싶다면, 국가종합전자조달 시스템인 나라장터(www.g2b.go.kr)에 접속해보자. 공고명에 '한글'이나 '메신저', '동영상' 등의 키워드로 검색하면, 우리가 아는 한글/워드 프로그램의 사용권 구매 등 다양한 사업의 제안요청서를 찾아볼 수 있다. 대상은 물품, 공사, 리스 등 여러 가지이지만, 이 책에서는 그중 '용역' 업무에 대한 제안서 작성하는 법을 다루려 한다.

제안서를 한 번도
안 써봤어요

　제안서를 써서 사업을 수주해야 매출이 발생한다. 쉬운 말로 하자면 일거리를 따와야 먹을거리가 생긴다는 얘기다. 영업 활동과 실제 프로젝트를 수행하는 활동 사이의 다리 같은 역할이 제안서 작업이라고 보면 된다. 그 중요한 다리 역할을 하는 사람이 바로 내가 될 수 있다. 아직 제안서를 한 번도 써보지 않은 나 말이다.

　제안서를 처음 쓰게 될 때 느끼는 막막함이란 이루 말할 수 없다. 처음에는 다 그렇다. 일단 제안서 작성을 맡게 되면 제안 작업을 시킨 제안 PM이 지시하는 사항에 충실하게 응하면 된다. 하지만 지시받은 업무를 하는 방법만으로는 오래가지 못한다. 전체적인 프로세스를 알고 진행해야 장기적으로 봤을 때 업무 경험을 제대로 쌓을 수 있다.

　우선 제안이 처음부터 끝까지 어떻게 진행되는지 알아보자. 제안의 처음부터 끝까지 진행되는 흐름을 제안 프로세스라고 한다. 대부분의 제안 프로세스는 자료 2와 같이 진행된다.

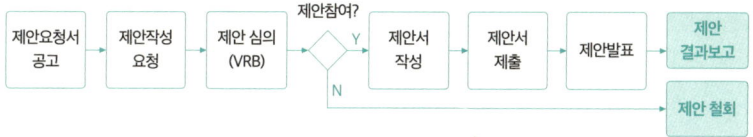

자료 2 제안 프로세스 예시

 위의 프로세스는 하나의 예시일 뿐, 회사에 따라 단계가 더 많아지거나 단계의 순서가 바뀔 수도 있다. 이 중 어떤 단계는 고객이, 어떤 단계는 영업 담당이, 어떤 단계는 의사결정을 할 수 있는 회의체가 맡게 된다. 자신이 직접적으로 관여하지 않더라도 이 전체 흐름을 파악하고 있어야 제안 작업을 순조롭게 진행할 수 있다.

 위 그림에서 보듯 대부분의 경우 제안요청서 공고가 나오면 제안 프로세스가 시작된다. RFP Request for Proposal 라고도 하는 제안요청서는 발주기업이 프로젝트를 담당할 업체를 물색하면서 자사 프로젝트에 관한 요구사항을 체계적으로 정리해 업체들에게 보내는 문서이다. 보통 제안요청서가 공고된 후 제안서 작업이 본격적으로 시작된다.

 이렇듯 고객사의 제안요청 공고가 나오는 것이 제안 프로세스의 첫 단계이기는 하지만, 그 전에 비공식 단계가 하나 더 있다. 바로 사전영업이다. 제안서를 잘 쓰기 위한 여정은 바로 이 사전영업에서부터 시작된다.

사전영업:
성공하는 제안의 첫걸음

| 면밀한 영업 정보 입수가 성패를 좌우한다 |

제안요청과 사전영업
─ 처음 단계의 시작

제안요청서가 나오기도 전에
영업은 시작된다

　제안과 관련된 영업을 수주영업이라고 부른다. 수주영업은 고객사에서 발주하는 사업을 수주하기 위해 하는 영업을 말한다. 보통 제안사가 수주영업을 통해 고객사가 원하는 제품 및 서비스의 기능, 사양, 규격과 준비된 사업예산을 확인하고, 이에 맞춰 구체적인 방안과 가격 견적을 제안서라는 문서로 제출한다. 고객사들은 이렇게 여러 제안사들이 제출한 제안서를 평가한 후 가장 좋은 안을 최종적으로 선택한다. 이러한 수주영업은 보통 제안요청서가 배포되면서 시작된다.

  그러나 제안요청서가 공식적으로 나오기도 전에 영업 활동은 시작된다. 이를 '사전영업' 혹은 '프리세일즈 Pre-Sales'라고 부른다. 대부분 사전영업은 고객사가 정식 공고를 내기 전 관련 업체들에게 연락을 하고, 이에 따라 업체들이 고객사에 방문하면서 이뤄지는 경우가 많다.

  제안 작업은 제안요청서가 공고된 후 시작되지만, 그 이전의 영업 활동인 사전영업에 대해 먼저 다루는 이유는 명확하다. 바로 사전 단계에서 수집한 사업 정보가 얼마나 충분하고 또 정확한가에 따라 제안의 성패가 달라질 만큼 큰 비중을 차지하기 때문이다. 사전영업이 잘 이뤄지면 우리 회사의 장점을 최대한 반영해 제안서를 작성할 수 있고, 유리한 고지를 점령해 제안의 성공 확률을 높일 수 있다.

  수주사업 입찰에 참여한 뒤 결과가 나온 것을 보았을 때 '이 사업의 승자는 이미 정해져 있었구나' 하는 느낌을 받을 때가 있다. 물론 100% 확신할 수는 없지만, 이런 경우라면 '먼저 지고 난 후 싸우는 형세'가 된다. 사전영업 단계에서 고객이 결정을 내리는 경우가 아주 드물지는 않다.

  그룹사에서 분리될 예정이라 사내 시스템을 새로 구축해야 하는 S회사에 사전영업 차 방문한 적이 있다. 여느 때처럼 우리 제품에 대해 프레젠테이션과 시스템 데모(시스템 시연)를 하고 Q&A까지 모두 마친 다음, IT 시스템 유지관리 담당자와 잡담을 나눴다. 비슷한 나이대다 싶었는데, 알고 보니 S그룹사 공채 입사 후배였다. 우리 회사 제품은 기존에 사용하던 S그룹사 시스템 기능과 비교해도 부족하지 않은 데다, 구축 비용과 유지보수 비용도 훨씬 저렴했다. 이때다 싶어서 우리 제품의 장점을 기존 그룹사 시스템과 비교해 쉽게 설명했다. 서로 같은 시스템에 대해 알고 있었기 때문에 전산팀 담당자들과 얘기도 잘 통했다. 사전영업 미팅을 마치고 문을 나오는 순간, 이 사업은 수주했다는 느낌이 들었다. 결과는? 물론 수주에 성공했다.

여기서 포인트는 시스템 담당자와 내가 선후배 사이였다는 것이 아니다. 이들이 기존에 사용하던 사내 시스템을 실제로 써봤기 때문에 메일이나 전자결재, 그 외 각 기능에 대해 긴 설명 없이도 소통이 잘되었다는 것이다. 척하면 척하는 순조로운 대화를 옆에서 듣고 있던, 아마도 의사결정자였을지도 모르는 고객사 팀장은 오랜 시간 함께 일한 전산팀 담당자의 믿음을 신뢰해서 우리에 대해 우호적인 판단을 내렸을 것이다.

사전영업 활동을 제대로 하지 않고 제안에 참여하면 어떻게 될

까? 과거에 우리 제안팀이 열심히 제안서를 쓰고 발표자료를 준비해서 고객사에서 프레젠테이션을 하게 되었다. 그런데 제안발표를 시작하기도 전에 고객사 평가위원 중 한 명이 대뜸 질문을 던졌다. "H사는 왜 왔어요?"

어떤 의도로 한 질문인지 예상이 되는가? 제안발표를 시작하기도 전에 우리 회사가 이 제안에 참여한 것 자체를 의문시한다는 것은 고객사가 이미 우리 회사를 검토 대상에서 제외하고 있음을 뜻하는 것이었다. 사전영업 단계에서 그런 정보를 제대로 수집하지 못했으니 제안 경쟁에서 진 것은 물론, 제안서를 쓰는 데 들인 비용, 시간, 노력에 대한 기회비용까지 날린 셈이었다. 차라리 그 시간에 다른 사업을 준비하는 게 훨씬 나았을 것이다. 그러니 사전영업 활동을 영업대표에게만 전적으로 맡기지 말고, 제안서를 쓸 사람도 함께 참여하게 해 역할을 나눈 뒤 다각도로 접근해야 한다.

영업대표의 능력은
매우 중요하다

혹시 영업사원과 영업대표의 차이를 알고 있는가? 보험영업이나 자동차영업처럼 개인고객을 상대하는 사람을 영업사원이라 부른다면, B2B 사업에서 기업이나 공공기관을 대상으로 하는 영업 활동을 하는 사람은 영업대표라 부른다. CEO가 회사를 대표하듯, 회사를 대표해 영업을 하고 제품 및 서비스의 가격을 결정하며 사업을 진행시키기 때문에 이들을 영업대표라고 부른다. 회사 규모가 작은 경우에는 CEO가 직접 영업을 하는 경우도 많다.

영업대표는 회사의 매출을 책임지는 사람으로서 세부적으로는 기술 영업, 하드웨어 영업, 소프트웨어 영업, SI[3] System Integration 영업, 채널 영업 등 다양한 분야가 있어 각각 업무 프로세스나 핵심 역량 등이 조금씩 다르다. 그러나 분야에 관계없이 고객을 만나서 그들의 니즈를 파악하고 이를 충족하기 위해 적절한 솔루션을 제공할 수 있어야 한다. 따라서 커뮤니케이션 능력과, 제안하고자

---

3   기업이 필요로 하는 시스템에 관한 기획, 개발, 구축, 나아가 운영까지 모든 서비스를 제공하는 것을 말한다. '시스템 통합'이라고도 한다.

하는 제품 및 서비스에 대한 높은 이해도가 공통적으로 요구되는 역량이다.

영업대표는 고객에게 우리 회사의 제품과 솔루션으로 가치를 제시하고, 고객으로부터 정확한 정보를 얻어 궁극적으로 양측이 윈윈win-win할 수 있는 관계를 만들어나가야 한다. 이것이 '고객과의 좋은 관계'의 바람직한 예다. 또한 제안의 마지막 단계가 계약인 만큼 영업대표는 숫자에 능통해야 한다. 제안 단계에서 영업대표가 투찰4 가격을 결정하기 때문이다. 기술 점수나 다른 가점 사항들이 비슷비슷한 경우 가격 투찰에서 수주 여부가 판가름 난다. 30억 원 예산의 한 공공사업에서 딱 800만 원 차이로 수주에 성공한 경우도 있었다.

상당히 많은 조직에서 영업대표가 제안서 작성 업무도 겸하고 있다. 영업대표는 일상적인 영업 활동 외에도 제안을 위한 사전영업에 필요한 정보들을 꼼꼼히 챙겨야 한다. 또 제안서 작성을 염두에 두고 사전영업 단계에서 필요로 하는 정보를 빠트리지 않고 챙길 필요가 있다.

---

4 경매 등에서 낙찰 희망자가 희망 낙찰 가격을 서면으로 제출하는 것.

미리 정보를 알아내면
승률이 높아진다

　사전영업 활동을 통해 제안과 관련된 정확한 정보를 최대한 많이 얻어내야 한다. 마치 전투에 나가기 전에 총기를 점검하고 총알을 준비하는 것과 마찬가지라고 생각하면 된다. 영업이라고 하면 흔히 고객과 함께 밥 먹고, 술 마시고, 골프 치는 접대를 떠올릴 수도 있겠다. 그러나 고객과의 친밀도는 수주 성공을 보장해주지 않는다. 오로지 정확한 정보를 바탕으로 한 제안전략과 사업 성공을 확신할 수 있도록 해주는 제안 내용이야말로 사업 수주를 위한 확실한 길이다.

　10여년 전 모 공공기관과의 사업에서 있던 일이다. 공공기관의 특성상 그 해에 책정된 사업예산을 소진해야 하는데, 어쩌다 보니 애매한 금액의 예산만이 남은 상태였다. 이 금액으로는 새로운 사업을 발주하지는 못하지만 그렇다고 책정된 예산을 그냥 묵힐 수도 없었다.

　마침 우리 회사가 사전영업을 통해 이러한 사정을 알게 되었다. 우리는 고객과 협의하여 기존 업무 시스템의 보안성 강화 사업을 추진하기로 하고, 내부 사업계획 작성을 지원했다. 실제 작업 내용에는 보안뿐 아니라 소프트웨어 업그레이드에 따른 보완 조치와 약간의 기능 보강도 포함되어 있었으나, 당시 IT 업계의 주요 화두에 맞춰 보안 부분에 중점을 두었고 내부에서 이 사업계획은 통과됐다. 우리는 이 사업계획 제안에 참여했고, 결과적으로 사업을 수주할 수 있었다.

콕 집어서
어떤 정보를 수집할까?

그렇다면 사전영업에서는 어떤 정보를 파악해야 할까?

(1) 고객사 이름, 고객사가 속한 산업 카테고리, 제안 대상 사업 내용

고객사 이름은 정식 명칭으로, 산업 카테고리는 우리 회사 내에서 공통으로 정의된 분류를 사용해야 한다. 예를 들어, "정부/공공 부문인 행정안전부의 대통령기록물 관리시스템 사업이 공고될 예정입니다"라는 식으로 고객사의 정식 명칭을 사용한다.

고객사의 산업 카테고리를 정의해야 하는 이유는 공공기관이냐 일반 기업이냐, 그리고 일반 기업 중에서도 금융이냐 제조냐 하는 분류에 따라 제안서를 쓰는 방식이 달라지기 때문이다.

(2) 대상 사업의 규모, 고객사의 주요 의사결정자 정보, 경쟁사와 경쟁제품 정보, 기존 현황

　제안에 직접적으로 필요한 정보들이다. 먼저 사업의 규모를 파악하기 위해 고객사에서 예산을 얼마나 책정했는지, 이번 사업에서 우리 회사는 예상 매출액을 얼마로 계획하고 있는지를 파악해야 한다. 공공사업의 경우 제안요청서에 사업예산이 정확하게 명시되어 있지만, 일반 기업에서는 예산 규모를 밝히지 않는 경우가 더 많다. 이런 경우는 사전영업을 통해서 정보를 얻을 수밖에 없다(그래도 알아내기 힘든 정보임에는 틀림없다). 예산 규모가 중요한 이유는 제안 작업에 어느 정도의 자원을 투입해야 하는지 결정하기 위해서다. 수주총액을 고려했을 때 상대적으로 더 중요한 제안 건이 있다면, 과감히 포기하고 다른 곳에 집중하는 것이 나을 때도 있다. 이런 결정을 하기 위해 필요한 정보인 것이다.

(3) 의사결정자와 경쟁사 정보

　사전영업에서 얻을 수 있는 가장 중요한 정보다. 의사결정자는 제안서 평가위원이나 사업의 최종 결정을 하는 결재권자로 보면 된다. 조달청을 통한 공공사업의 경우 대부분 교수진, 전문가, 타 기관 관련인 등 외부 평가위원들로 구성된다. 일반 기업의 경우 내부 임직원으로 구성된 평가위원들이 결정하는 경우도 있고, CEO 단독으로 결정하는 경우도 간혹 있다. 과거 어떤 고객사는 설립자인 회장의 손녀가 의사결정자였다. 다른 사람은 다 상관없고, 단지 그 한 사람만 설득시키면 되는 구조였던 것이다.

(4) 경쟁사 정보

이 정보는 제안전략 수립에 반드시 필요하다. 약간 살벌한(?) 농담이지만, 곰이 쫓아올 때 곰보다 더 빨리 달릴 필요는 없다. 단지 옆 사람보다 빨리 달리면 된다. 즉, 우리 회사의 제안이 세계 최고일 필요는 없다. 경쟁사보다 1점, 아니 0.5점이라도 앞서면 수주할 수 있다. 경쟁사 정보에 대해서는 회사 자체의 장단점과 제품의 장단점을 정확히 파악하는 것이 중요하다.

여기서 염두에 둬야 할 것은 객관적 사실이나 시장에서의 평가도 필요하지만, 고객사에서 그 경쟁사와 제품에 대해 어떻게 평가하고 있는지를 아는 것이다. 예를 들면, 우리 할머니는 최상급 스마트폰보다 라디오 기능이 기본 탑재된 구형 핸드폰을 선택하셨다. 할머니는 하루 종일 라디오를 틀어놓고 트로트를 듣는 생활

패턴을 갖고 계시기 때문이다.

(5) 고객사의 기존 현황

이 정보는 많으면 많을수록 좋다. 해당 사업이 이번이 처음이 아니고 기존에 했던 사업에 대한 고도화나 재구축 등의 형태인 경우, 기존 상황 파악과 분석이 제대로 되어야 제안전략에 활용할 수 있기 때문이다. 기존 제품이나 서비스에 고객이 불만족스럽다고 느끼고 있다면 그 지점을 공략해야 한다. 다시 말하지만, 곰에게서 도망칠 때는 단지 옆 사람보다 빨리 달리면 된다.

다음 페이지의 자료는 사전영업 시 입수할 정보와 주의할 점을 요약해놓은 표이다. 포맷으로 만들어 저장해두고 사전영업 시 이용해보자.

항목	예	설명
산업 구분	정부/공공, 일반 기업, 금융, 교육, 대학, 병원, 제조, 서비스, 물류 등	• 고객사의 업종에 따라 요구사항이 달라지고, 제안할 때의 스타일이나 대응 방법이 구분됨. • 다른 고객사에서 수행했던 레퍼런스를 중요시하는 정서상 비슷한 업종의 경험치를 데이터베이스화 할 수 있음.
고객사명	행정안전부, 삼성전자, SK 등	• 정확한 전체 이름 사용이 원칙. '행안부'와 같이 줄임말을 사용하지 말 것. • 영어로 된 고객사명은 영문과 국문을 병기하여 사용함.
사용자 수	500명	• 사용자 라이선스에 따라 가격이 결정되는 소프트웨어 제안인 경우 특히 중요. • 전체 시스템 용량 산정이나 동시 접속자 설계를 통한 성능 테스트 등에 필요한 정보임.
사업예산 /예상 매출액	5억 원	• 고객사에서 사업에 편성한 예산 규모(VAT 포함 여부 체크). • 하도급, 컨소시엄 구성 등 사업수행 방법에 따라 매출액 예상 필요.
고객사의 의사결정자/ 영향자	전원 외부평가자, 내외부 평가자, CEO 단독 등	• 제안서를 읽고 평가할 평가자별 특성을 고려한 제안 작성에 필요. • 조달청 나라장터(www.g2b.go.kr)를 통한 사업의 경우 대부분 교수진, 전문가, 타 기관 관련인 등 외부 평가자들로 구성됨. • 조달청을 통해 공고하지만 고객사에서 자체적으로 평가자를 구성하는 경우 그 구성 형태를 파악해야 함. • 그 외 사업의 주관부서 및 관련부서 실무진 등.

항목	예	설명
경쟁사	경쟁사의 업체명/솔루션명, 경쟁사의 강/약점	• 경쟁사의 솔루션과 장단점, 회사의 강점과 약점 등을 파악. • 객관적 사실이나 시장에서의 평가도 필요하지만, 중요한 것은 고객사에서 해당 경쟁사/솔루션에 대해 어떻게 평가하고 있는지를 알아야 함.
기존 현황정보	인프라 구성, 도입 솔루션명/제조사명 등	• 고객사에 이미 구축되어 있는 시스템 인프라 정보는 입수하기 꽤 어려운 편에 속하지만 가능한 정보를 많이 확보하는 것이 좋음. • 도입되어 있는 솔루션/제품과 제조사, 도입연도, 커스터마이징 정보 등 부가 정보를 함께 파악. • 현재 고객사가 느끼고 있는 불편함이나 유지보수, 기술지원 등에서의 이슈사항을 파악.
기타 이슈사항	유지보수, 기술지원, 추가 제안 등	• 특히 제안요청서나 공식적인 제안요청 설명회에서 이야기하지 않은 이슈사항이 있는지 최대한 파악하는 것이 좋음.

자료 3 사전영업 정보 예시

고객을 많이 만나는 수밖에 없다

영업 활동에서 고객을 만나는 것은 기본 중의 기본이다. 중요한 것은 '고객을 만나서 무엇을, 어떻게 할 것인가'이다. 사전영업 기간 동안 영업대표는 고객을 만나 다방면으로 활동한다. 제안하려는 제품이나 시스템에 대해 설명하고, 고객의 요구사항을 듣고, 문제를 해결하기 위해 고민을 거듭하면서 고객의 신뢰를 쌓아나가는 동안 고객의 최종 의사결정에 미치는 우리의 영향력은 계속 커진다.

하지만 이러한 영향력 상승은 제안요청서가 정식으로 공고되고 나면 뚝 떨어지는 현상을 보이게 된다. 뚝 떨어진 영향력을 다시 조금이나마 회복할 수 있는 때는 제안발표를 하는 시점이다. 그 사이에 영향력이 저하되어 있는 구간을 '리스크 갭 risk gap'이라고 부른다.

리스크 갭이 생기는 원인은 명확하다. 제안요청서를 정식으로 공고한 이후에는 경쟁입찰 과정에 공정성을 기하기 위해 고객사가 의도적으로 여러 제안사들과 거리를 두기 때문이다. 제안요청서가 공고되면, 질문은 공식적으로 이메일을 통해서 하고 이에 대한 답변을 모든 제안사에 동일하게 공개하기도 한다. 심한 경우

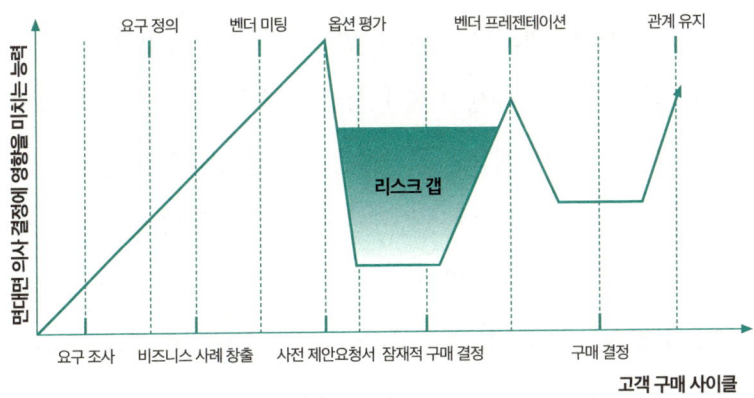

자료 4 제안요청서 이전과 이후 고객사에 미치는 영향력[5]

  고객사 담당자와 제안사 영업대표와의 개별 만남을 금지하는 경우도 있다.

  이렇게 고객과 만날 수 없게 되면, 제안서를 쓰는 입장에서는 이전까지 쌓아놓았던 우호적인 관계와는 상관없이 정보 부족과 불안감을 느낄 수밖에 없다. 이 리스크 갭을 최소한으로 줄일 수 있는 방법은 사전영업 단계에서 고객을 자주 만나 제안에 필요한 정보를 최대한 확보하는 것뿐이다. '고객과의 좋은 관계'를 함께 유흥을 즐기거나 골프를 치고 호형호제하는 관계로 생각하면 큰 오산이다. 영업에 도움이 되는 선에서 어느 정도는 필요할 수는 있

---

[5] 그래프 이미지: 쉬플리코리아(shipleywins.co.kr)

지만, 어디까지나 비즈니스적인 마인드가 우선이 되어야 한다.

　우리 회사의 경우, 대형 차세대 사업은 단독으로 제안하지 않고 대형 SI사의 제안에 제품을 공급하는 하도급 형태의 사업으로 진행하는 경우가 많았다. 이런 종류의 사업을 종종 담당하던 한 영업대표가 있었는데, 구체적인 영업 계획을 들어보기도 전에 마음이 놓일 정도로 믿음이 가던 사람이었다. 이 영업대표가 나서면, 제안요청서 공고가 나기 전에 이미 사업 구도가 짜여 있는 경우가 많았다. 사업 입찰에 참여하는 모든 SI사의 제안에 우리 제품을 공급하도록 제안요청서 지침으로 공고해놓은 것이다. 이렇게 되면 누가 사업을 수주하든 우리 회사는 매출을 올릴 수 있는 구도가 된다. 이게 가능한 경우는 단 한 가지 방법밖에 없다. 고객사에서 특정 제품, 즉 우리 회사의 제품으로 제안할 것을 공식·비공식적으로 요청하는 것이다.

　이러한 승률 100%의 사업 구도를 만들기 위해 영업대표는 고객을 만나 우리 회사 제품으로 구축해야 하는 이유와 특장점 등을 설명하고 설득한다. 이 과정에서 고객의 요구사항과 제품에 대한 깊은 이해도, 제안에 참여하는 SI사들과의 협업 능력 등 다양한 역량이 필수적이다. 그러나 무엇보다 제안요청서가 공고되기 전, 사업을 계획하고 만드는6 과정에서 정보를 면밀하게 수집하고 고객과 소통하는 것이다. 이렇게 사업 수주의 결과를 얻기까지의 과정에서 영업대표의 진짜 영업력이 발휘된다고 볼 수 있다.

---

6 업계 용어로는 쿠킹(cooking)이라고 한다.

제안준비:
무작정 제안서부터
쓰지 말자

| 준비부터 꼼꼼히 해야 모든 과정이 수월하다 |

제안요청서
낱낱이 해부하기

제안요청서는 어떻게 읽고
분석해야 할까?

드디어 제안요청서를 받아들었는가? 이제 제안 작업을 위해 본격적으로 달려야 한다는 뜻이다. 제안요청서는 크게 사업의 개요, 현황 및 문제점, 사업 추진 방안, 제안요청 내용, 업체 선정 안내, 기타 사항으로 이뤄져 있다. 상세 구성은 조금씩 다를 수 있지만 대개는 비슷하다.

(1) 사업의 개요

 사업의 정식 명칭, 기간, 예산 등 기본 정보와 사업을 발주하게 된 배경 및 필요성

(2) 현황 및 문제점

 현재 고객사에서 하고 있는 업무 및 시스템의 현황과 문제점을 간략하게 소개

(3) 사업 추진 방안

 제안을 통해 달성하고자 하는 목표와 사업 추진을 위한 조직 체계, 일정 등

(4) 제안요청 내용

 제안 시 요구할 사항을 상세히 기술

(5) 업체 선정 안내

 입찰 자격, 방법, 필요한 서류, 심사 방법, 평가 항목과 배점 방법

Ⅰ 사업 개요

(1) 개 요

- 사 업 명 : 2022년 기록정보 온라인서비스 구축 사업
- 사업기간 : 계약일로부터 150일(5개월)
- 금   액 : 184,982,000원(부가세 포함, 직접구매대상 SW 별도)
  ※ 사업금액은 실제 용역제공일수를 기준으로 일할 정산하여 대금을 지급함
  ※ 온라인 원문제공 관리체계 구축의 상용SW는 「소프트웨어 사업 계약 및 관리감독에 관한 지침」 제7조(상용소프트웨어 적정구매 대상)에 따라 직접구매 제공 예정 (자산취득비 150백만원)
- 계약방식 : 제한경쟁입찰

(2) 추진배경 및 필요성

가. 추진배경

- 수집·보존 중심으로 관리되고 있는 국가 기록물을 적극 개방하고 유용한 정보자원으로 개발하여 대국민 온라인 서비스 제공
- 다량의 원문 기록물을 체계적이고 효율적인 방법으로 신속·정확하게 제공하기 위한 원문관리 체계 구축 필요

나. 필요성

- 소장기록물을 활용하여 사회적 관심이 많거나 시의성 있는 주제를 국민들이 보다 쉽고 편리하게 이용할 수 있도록 기록정보콘텐츠를 구축하여 양질의 온라인 서비스 제공
- 국가기록정보의 이용활성화(검색 관련 재색인), 이용자 편의성 향상 및 안정적인 원문 제공 서비스 지원을 위한 기반 구축 필요
- 공공기관 웹 표준 준수 및 반응형 웹페이지 적용 등 국민들의 인터넷 이용환경 개선 필요

자료 5 공공기관 발주 제안요청서 예시

Ⅰ. 사업 개요

1. 추진배경 및 목적
○ 그룹웨어 시스템의 노후화 및 기능저하
○ 통합 커뮤니케이션 환경 조성을통한 업무생산성 제고
○ Anywhere 오피스 환경을 위한 모바일 업무환경 구축 필요

2. 사업 내용
○ 사 업 명 : 「그룹웨어 시스템 재구축」
○ 사업기간 : 계약일로부터 5개월 (안정화기간 1개월 포함)
○ 사업(추정)금액 : 456백만원 (부가세포함)
○ 입찰방법 : 일반경쟁입찰
○ 낙찰자 결정방법 : 협상에 의한 계약

Ⅱ. 개요

1. 사업명
○ 그룹웨어 및 KMS(지식관리시스템) 구축 사업

2. 추진 배경
노후화된 현행 그룹웨어의 기술적/구조적 문제를 해소하기 위한 시스템 전면 교체와 비효율적 업무의 프로세스 개선과 조직 내 문서 및 지식 관리 체계의 표준을 마련하고 이를 시스템화 함으로써 업무 생산성을 극대화하고 조직 활성화를 위한 협업 환경을 제공하고자 함.

자료 6 일반 기업 발주 제안요청서 예시

(6) 기타 사항

제안서의 규격, 목차, 보안 관련 준수사항, 금지 조항 등

사실 이렇게 꼼꼼히 잘 작성된 제안요청서는 주로 공공 부문에서 볼 수 있다. 공공기관 등에서 조달청을 통해 사업공고를 낼 때는 관련 규정에 따라 제안요청서를 형식에 맞게 작성해야 하기 때문이다. 내용이 누락되거나 규정에 어긋날 때는 수정을 요구받기도 한다. 하지만 일반 기업에서 사업을 공고할 때는 이런 절차가 없거나 간소화되어서, 전체적인 제안요청서의 분량도 적고 내용 또한 부족하다고 느낄 수 있다.

제안요청 설명회에 참석하자

제안요청서가 공고되고 나면 제안요청 설명회를 연다. 말 그대로 사업을 발주하는 측에서 제안에 참여하고자 하는 기업 관계자들을 모아서 제안요청서의 내용을 설명하고 질문에 대한 답변을 하는 자리다. 사정이 여의치 않은 경우 온라인으로 설명회를 진행하는 경우도 있으며 간혹 설명회를 생략하기도 한다.

제안요청 설명회에서는 대개 사업을 발주하는 고객사의 담당자가 나와서 사업의 개요를 간단히 설명하고, 제안 요구사항과 제안 일정 등을 이야기한다. 대부분은 제안요청서에 있는 내용이다. 제안요청서의 오류를 바로잡기도 하고 문서에 미처 담지 못한 작성 의도를 설명하기도 하지만, 설명회에서 가장 중요한 것은 질문과 답변이다. 제안에 참여하려는 제안사들은 그 자리에서 고객사에 궁금한 내용을 물어보고 답변을 받을 수 있다.

여기서 재미있는 현상을 볼 수 있다. 설명회에 모여 있는 제안사들은 모두 경쟁자다. 어떤 질문을 했을 때 경쟁자가 몰랐던 내용을 알려주는 상황이 될 수도 있고, 우리의 전략을 들키게 되는 빌미를 줄 수도 있다. 그래서 서로 눈치를 보면서 질문을 잘 하지 않는다. "질문 있으십니까?"라는 고객사 담당자의 말에 고개를 푹 숙인 채 제안요청서만 뒤적이며 보는 사람도 있고, 슬쩍 옆으로 눈길을 돌려 누가 질문하나 살펴보는 사람도 있다. 여기서는 질문이 나온다고 해도 제안서 제출 규격이나 일반적인 사항에 대한 것이 대부분이고, 아주 결정적인 질문을 하는 사람은 찾아보기 힘들다.

이쯤에서 제안요청 설명회에 참석하는 정확한 목적을 다시 생각해보자. 원래 목적은 제안요청 내용에 대한 설명이었으나, 설명회에 참석하는 제안사들은 경쟁자를 파악하는 기회로 활용한다. 경쟁자가 얼마나 많은지, 경쟁자들은 이 사업을 얼마나 파악하고 있는지 등을 알아보고, 사업의 특성에 따라 함께 컨소시엄을 구성할 협력사를 찾기도 한다. 설명회에 참석해 제안요청서에 쓰여 있는 내용 말고 다른 것들을 얻어가는 것이다.

예전 모 사업에서는 제안요청 설명회 시작 시간에 임박해서 도착한 덕분(?)에 먼저 도착한 경쟁사의 정보를 알 수 있었다. 설명회장 입구에서 참석자 명단을 작성하도록 했기 때문이었다. 그 사업에서 어떤 회사와 경쟁하게 되는지 아는 것은 매우 중요한 정보에 속했는데, 이 정보를 설명회 참석만으로 얻을 수 있었던 것이다.

설명회 도중 고객사 담당자에게 질문하는 시간도 주어지는데 이때 다른 경쟁사들이 어떤 질문을 하는지 주의 깊게 살피면 우리 회사의 제안전략을 세우는 데 도움이 될 수 있다. 사전영업을 통해 우리 회사가 이미 알고 있는 내용을 질문한다면, 그 경쟁사는 사전영업이 안 되었다는 것을 알 수 있다.

제안요청서를
교과서 보듯이 하라

　제안요청서가 정식 공고되고 제안요청 설명회에도 다녀오면, 본격적으로 제안 작업이 시작된다. 당연히 제일 먼저 해야 할 일은 제안요청서 분석이다. 제안요청서 분석 작업이 잘 되면 제안서 작성의 방향을 결정할 수 있고, 작업도 수월해진다.

　대학입학 수능시험에서 만점을 받은 사람들을 인터뷰하면 단골로 나오는 답변이 있다. "수업시간에 열심히 듣고 교과서 위주로 공부했어요." 수능 만점은커녕 전국 등수로 의미 있는 숫자 근처에도 못 가본 범재로서는 그 말이 잘 이해되지 않지만, 그들이 한결같이 그렇게 말하는 데에는 무슨 이유가 있을 것이다. 아마도 '모든 문제의 답은 교과서가 기준'이라는 뜻이 아닐까 싶다.

　"제안요청서를 교과서 보듯이 하라"는 말은 그만큼 제안요청서를 꼼꼼하게 보라는 말이기도 하지만, 제안 작업에서 제안요청서는 '절대 권력'이기 때문이기도 하다. 우리가 학교에서 배우는 교과서의 내용이 시험문제의 답을 판단할 때 절대 권력을 가지는 것과 마찬가지라고 볼 수 있다.

　그러나 사실 제안요청서는 허술하게 작성되는 경우가 많다. 오타는 물론이고 초반부와 후반부의 내용이 서로 상반되는 경우도 있으며, 요구사항이 명확하지 않고 모호한 경우는 수도 없이 많다. 하지만 이렇게 허술한 제안요청서라도 거기에 쓰여 있는 내용은 그 자체로 권력을 가진다. 비논리적으로 보여도 어쩔 수 없다. 제안요청서를 내는 고객사는 '갑'이기 때문이다.

제안요청서는 한 번만 읽으면 되는 문서가 아니다. 제안요청서를 읽는 것도 나름의 방식이 있겠지만 여기서는 내가 제안요청서를 읽는 순서와 관점을 소개하려고 한다.

(1) 1단계

제안요청서를 받자마자 제안서의 규격에 관한 내용을 제일 먼저 찾아 읽는다. 그리고 바로 뒷부분으로 넘어가 제안의 마감 일시, 제안서의 종류와 페이지 수, 각종 증빙서류를 확인한다.

- **제안의 마감 일시:** 사업의 규모에 따라 조금씩 다르지만 공공사업의 경우 최소 14~40일, 혹은 그보다 더 긴 제안서 작성기간이 주어진다. 일반 기업인 경우 꽤 크다 싶은 규모의 사업도 2주일 내에 제안서를 마감하는 경우가 많다.

- **제안서 종류 및 페이지 수:** 어떤 경우는 제안서와 발표자료만 요구하기도 하고, 제안요약서를 별도로 요구하는 경우도 있다. 최근에는 제안요약서를 발표자료와 겸해서 인정해주는 추세다. 공공사업 제안요청서에 명시되어 있는 페이지 수는 대부분 철저하게 지켜야 하지만, 일반 기업의 경우에는 페이지 수에 대한 언급이 없거나 조금 어기더라도 크게 상관하지 않아도 된다.

- **증빙서류:** 대개는 제안사의 사업수행 실적 확인서와 재무제표 등이다. 사업 참여 인력의 졸업증명서나 경력을 증명할 수 있는 국민건강보험득실확인서 같은 개인서류를 요구하기도 한다. 기타 품질인증서나 각종 수상 증명 자료 등도 준비해야 하는 서류다.

(2) 2단계

다음으로는 사업개요 부분을 본다. 사업의 정식 명칭, 기간, 예산 외에 사업을 발주하게 된 배경 및 필요성 등을 유심히 보며, 이 부분에 숨어 있는 고객의 니즈를 읽어내려고 노력한다. 가령 사업배경 부분에 '스마트 시대에 발맞추어'라는 문구가 있다면, '남들은 다 모바일로 업무하는데 우리만 못하고 있어'라고 이해할 수 있는 것이다. 사업개요 부분의 내용을 잘 파악하고 사업에 대한 이해를 제대로 해야만 제안전략 수립을 위한 밑바탕을 단단히 할 수 있다.

(3) 3단계

세 번째로 제안 요구사항을 본다. 크게는 우리 회사에서 할 수 있는 사업인지, 우리 제품의 사양이 얼마나 반영되었는지, 혹시 경쟁사의 제품 사양이 박혀 있는 건 아닌지 등을 파악하고, 세부 요구사항을 하나하나 읽는다. 그러다 보면 자연스럽게 사업 수행 시 예상되는 리스크를 확인할 수 있다.

- **리스크 확인**: 고객의 요구사항을 어떻게 충족시킬 것인가 고민하고 그것을 문서로 표현하는 것이 제안서의 큰 목적이며, 그 과정에서 리스크를 명확하게 잡아내는 것이 매우 중요하다. 리스크에 대비하지 못하면 수주에 성공하더라도 프로젝트 과정에서 진행이 힘들거나 최악의 경우 프로젝트를 제대로 마무리하지 못해 지체상금을 내야 하는 등 불상사가 생길 수 있다. 이 리스크를 해결하기 위해 어떤 일을 해야 하는지, 누구와 협업해야 하는지, 예상되는 어려움은 어떻게 해결해야 할지 등을 제안 과정에서 최대한 도출해 준비해야 한다.

(4) 4단계

　나머지 현황 및 문제점, 사업 추진 방향이나 기타 다른 부분을 전체적으로 읽는다. 제안서의 목차나 고객사 업무 현황을 포함해서 제안요청서 구석구석에는 꼭 찾아 읽어야 하는 내용들이 숨어 있다. 제안서를 쓰는 내내 제안요청서를 함께 띄워놓고 수시로 들여다봐야 하는 이유다. 마치 시험 기간에 공부할 때 책상 위 한편에 교과서를 딱 올려놓은 것 같은 그림이 그려지지 않는가?

제안요청서의 구조에 익숙해지자

　제안요청서는 대개 몇 번만 분석해보면 금방 익숙해질 만큼 비슷비슷하다. 구조가 거의 정해져 있다는 말이다. 특히 공공기관에서 발주되는 제안요청서인 경우는 더욱 그렇다. 제안요청서를 구성하는 항목 중 반드시 정리하고 분석해야 하는 내용으로는 정식 사업명, 고객사명, 사업의 내용, 사업예산 규모, 평가 방법 등이 있다.

항목	내용 및 설명 예시
정식 사업명	메신저 재구축 및 화상회의 시스템 도입 사업
고객사명	한국산업인력공단
사업의 내용	공단 내부에서 업무용으로 활용하기 위한 메신저 시스템을 재구축하고 원격 업무 지원을 위한 화상회의 시스템을 도입하기 위함
사업예산 규모	145,977천 원(부가세 포함)
평가 방법	기술평가 90, 입찰가격 평가 10 기술평가는 외부전문가 및 내부직원으로 구성된 '제안서 평가위원회'를 구성하여 진행

자료 7 사업 제안요청서 예시

- **정식 사업명**: 제안요청서에서 공식적으로 사용된 정식 사업명을 제안서에 사용하는 것은 기본 중의 기본이다. 사업명이 길거나 복잡하다고 해서 마음대로 변형하거나 줄여 기입하면 절대로 안 된다.

- **고객사명**: 고객사의 명칭과 기업 CI, 로고 등은 공식 홈페이지를 통해 얻은 정확한 것으로 사용해야 한다. 한국산업인력공단을 '산인공'처럼 줄여 부르기도 하는데 제안서에서는 사용하지 않는 것이 좋다. 고객사 CI나 로고를 사용할 때도 구글에서 검색해서 찾은 이미지는 되도록 사용하지 않는 것이 좋다. 비슷하게 생겼지만 엄연히 다른 로고들이 많이 돌아다닌다. 예전에 모 방

송사에서 일간베스트(일베) 논란이 있는 이미지 사용으로 사회적으로 문제가 되었던 일을 기억하자. 반드시 공식 이미지를 찾아 사용하는 습관을 들여야 한다.

- **사업의 내용:** 사업의 내용은 간략하게 정리하되, 그 내용을 한눈에 파악할 수 있도록 해야 한다. 사업의 배경, 현황, 요구사항, 기대효과와 같은 것들이 이에 해당한다. 이런 내용들은 눈으로만 읽거나 내용을 단순히 복사해 붙여넣기 해서 정리하는 것보다는 손으로 직접 타이핑해서 작성하는 것을 권하고 싶다. 옮겨 적는 행위를 하면서 내용을 파악하는 것이 핵심을 파악하는 데 도움이 될 것이다.

- **사업예산 규모:** 사업예산은 공공사업 제안요청서에는 반드시 포함되는 항목이지만, 일반 기업의 제안요청서에서는 거의 볼 수 없다. 그래도 사전영업을 통해 대강의 사업예산 규모를 알 수 있기는 하다. 제안 작업에서 예산 규모가 가지는 의미는 입찰가격을 얼마로 할 것인가 하는 것 외에도, 이 제안에 얼마만큼의 자원을 투입해야 하는지를 가늠하기 위한 것도 있다. 수주 확률이 동일하다는 가정하에 1억 원 예산의 사업보다는 10억 원 예

산의 사업을 더 중요하게 다루어야 하기 때문이다.

- **평가 방법**: 제안서 평가에 관한 내용에서는 특히 평가위원에 대한 것을 잘 살펴야 한다. 공공기관 발주사업인 경우 조달청 나라장터(www.g2b.go.kr)를 통해 공고하는데, 평가 방법은 2가지가 있다. 하나는 조달청에서 직접 평가하는 경우다. 이 경우 평가위원 풀pool을 통해 무작위로 정해지는 10명 이내의 평가위원들이 평가한다. 또 다른 하나는 나라장터에 사업을 공고하기는 하지만 발주기관에서 직접 평가위원을 위촉하여 평가하는 경우다. 일반 기업은 대개 기업 내부에서 각 분야별 평가위원을 구성하는 경우가 많다. 이런 평가위원 구성의 특성을 잘 파악하는 것이 제안전략 수립에 필요한 기본이라는 점을 알아두자.

제안서 쓰기의 기본 중 기본은?

제안 작업을 준비할 때 가장 먼저 하는 작업이 제안서의 규격을 파악하는 일이다. 제안 작업이 끝났을 때 어떤 형태의 제안서가 나오게 될지를 먼저 확인하는 것이다. 제안서의 크기, 페이지 수,

표지 작성 방법, 페이지 수 표시 방법, 인쇄 방법과 부수 등에 관한 것들이 그것이다.

제안서 규격은 주로 A4 크기를 기준으로 가로나 세로 방향 문서로 정의되어 있다. 공공사업인 경우 세로 방향(종방향)의 제안서가 기본이고, 일반 기업은 가로 방향(횡방향)의 제안서가 많다. 페이지 수에 대한 기준도 100페이지 이내 혹은 100페이지 내외 등으로 정해주는 경우가 있고, 제한이 없는 경우도 있다.

표지를 특정 양식에 맞게 작성해야 한다거나 페이지의 표시 방법에 대해 규정해둔 규정도 찾아볼 수 있다. 종이문서로 제출하는 제안서의 경우 인쇄를 단면으로 하는지 양면으로 하는지, 컬러로 하는지 흑백으로 하는지, 원본과 사본의 구분을 둘 것인지, 몇 부나 인쇄해야 하는지 등의 규정이 있고, 온라인 제출인 경우 파일의 용량이나 PDF 변환에 대한 내용이 그 자리를 대신한다.

그 밖에 기본적인 사항으로 제안서를 작성하는 도구에 대한 것도 있다. 공공사업의 경우 한글이나 MS오피스로 작성할 것을 규정하는데, 대개는 파워포인트로 작성한다. 파워포인트를 이용하면 글뿐 아니라 도형, 화살표, 이미지 등을 이용해 자유롭게 구성할 수 있어 시각적으로 더 효과적인 제안서를 작성할 수 있기 때문에 많이들 선호한다. 특히 제안발표자료는 프레젠테이션을 염두에 두고 만드는 자료이므로 대부분 파워포인트로 작성한다.

정량 제안서와 정성 제안서를 별도로 만들어야 하는 경우도 있다. 정량 제안서는 회사의 신용도나 레퍼런스, 사업경험 등을 수치로 환산해 계산할 수 있도록 제시하는 제안서이다. 정성 제안서는 사업에 대한 이해도, 제안전략, 사업 수행 방안 등을 제시하는 제안서로, 정량 제안과 달리 평가하는 사람에 따라 다른 결과가 나올 수 있다는 점이 특징이다. 물론 정성 제안에도 평가기준표가 있긴 하지만, 정량 제안에 비해서는 평가자의 주관이 더 많이 개입될 수 있다고 보면 된다.

마지막으로 꼭 확인해야 할 기본적인 사항은 기술평가와 가격평가의 비율이다. 사실 이 내용은 영업대표에게 더 중요한 사항이다. 제안서를 써서 받는 점수는 기술평가 점수다. 나머지는 입찰가격으로 점수를 받게 되는데, 낮은 가격을 써내는 것이 더 높은 점수를 받게 되는 구조로 되어 있다. 기술과 가격 평가의 비율이 9:1이면 가격 점수의 비중이 비교적 적은 편이고, 7:3이면 가격 점수가 제안의 수주 여부에 아주 큰 영향을 미친다는 뜻이다. 아무리 기술평가 점수가 높아도 가격에서 뒤집어질 수 있는 것이다. 8:2인 경우는 어떨까? 이 경우 영업대표의 경험과 촉이 제대로 발휘될 수 있는 상황이다. 경쟁사와의 기술 점수 격차를 예상

하고, 이에 따라 가격을 얼마로 쓸지에 대한 전략을 치밀하게 세우게 된다.

공공입찰의 방식 중 2단계 입찰도 있다. 1단계 입찰에서는 기준 점수만 충족하면 통과되고, 2단계 입찰에서 무조건 투찰금액을 기준으로 수주 여부가 결정되는 방식이다. 이런 경우는 사실상 최저가 입찰 방식이나 다름없다. 기술평가 점수가 81점이든 99점이든, 2단계에서는 다시 동일선상에서 출발하는 게임인 것이다. 이 경우 담당 영업대표는 수주를 위해 할 수 있는 모든 방법을 동원해서 정보를 수집해야 한다.

이런 방식의 제안에 참여하는 경우, 주로 우리 회사와 경쟁사에 동일하게 납품하는 장비 제조사의 담당자로부터 받는 정보를 바탕으로 경쟁사의 원가를 추정한다. 그 밖에 원가에 영향을 줄 수 있는 구매 제품들의 정보를 찾고 우리 회사의 인건비와 경쟁사의 인건비를 추정해서 분석하면, 경쟁사에서 최종적으로 투찰할 금액의 윤곽이 나오게 된다.

마지막으로 회사 내부 규정상의 이익률을 고려해서 안정적인 수주를 우선할 것인지, 어느 정도의 이익 확보를 더 우선할 것인지 등을 생각한 영업대표는 2개의 금액을 결정한다. 요즘은 전자입찰로 금액을 제출하게 되어 있지만, 예전에는 흰 봉투에 투찰금액을 적어서 밀봉한 다음 고객사에 직접 제출하게 되어 있었다. 영업대표는 회사에서 출발하기 전에 이 봉투를 2개 작성해서, 투찰 마감 직전에 2개 중 하나를 골라서 제출했다. 이런 방식을 통해 입찰에 성공한 사례는 영업대표의 뛰어난 정보 수집력과 분석력을 바탕으로 경험과 촉이 발휘된 것이라 볼 수 있다.

요구사항은 꼼꼼하게 분석하라

제안요청서 분석에서 가장 많은 시간을 차지하는 일이 고객이 요구하는 내용을 정확히 파악하는 것이다. 수십 줄 혹은 수백 줄에 달하는 요구사항 중 고객의 원하는 핵심 요구사항이 뭔지 알아내는 것이 포인트다.

제안요청서에 쓰여 있는 요구사항은 1차적으로는 문구 그대로를 해석하되, 과대해석이나 과소해석을 피해야 한다. 너무 광범위하게 해석하면 프로젝트에서 해야 할 일이 많아져서 인건비나 기타 비용 등이 증가하고, 너무 좁게 해석하면 자칫 스펙아웃[7]이 될

---

7 specification out: 요구사항 충족 미달.

수 있다. 둘 다 리스크가 되는 것이다. 요구사항 해석이 애매하면 고객사에 질문하는 것이 좋지만, 사실은 그전에 사전영업 단계에서 미리 파악하는 것이 더 좋다.

요구사항 내용을 해석하는 것은 매번 어렵다. 한 가지 예로, 여러 가지 요구사항 중 우리 회사 제품이 기본적으로 제공하지 않는 기능이 몇 가지 포함되어 있던 사업이 있었다. 그 몇 가지 기능을 구현하려면 많은 공수가 필요한 상황이었다. 입찰가격을 높게 쓸 수밖에 없었고, 결과는 실주였다. 기능에 대한 요구사항을 너무 광범위하게 해석한 것이 근본적인 원인이었다. 알고 보니 사업을 수주한 경쟁사의 제품도 그 기능을 완벽하게 구현하지 못했다.

요구사항을 분석할 때는 우리 회사 제품이 해당 기능을 만족시키는지 여부를 체크하고, 만약 만족시키지 못하거나 일부만 만족시키는 경우에 대한 대책을 함께 정리한다. 제품의 기능을 잘 알고 있는 사람은 이 과정이 그리 어렵지 않지만, 갓 입사한 신입사원에게는 어렵다. 제안서를 쓸 때마다 일일이 개발팀이나 지원팀에 물어보고 쓸 수도 없고, 그렇다고 아무렇게나 쓸 수도 없는 노릇이다. 이럴 때는 제품 기능목록이나 매뉴얼이 도움이 될 수 있다.

제안요청서를 볼 때 간과하기 쉽지만 정말 중요한 것이 '쓰여 있지 않은 요구사항'이다. 참 아이러니하다. 제안요청서는 고객사가 필요로 하는 요구사항을 제시하려 만드는 문서인데, 거기에 쓰여 있지 않은 요구사항이 중요하다니! 제안요청서는 일종의 공문서의 성격을 가지고 있으므로, 대놓고 텍스트로 꾹꾹 눌러 써놓을 수 없는 요구사항이 있을 수 있다. 이런 요구사항을 읽어내려면 사전영업에서 얻은 정보들과 통합해서 판단해야 한다.

예를 들면 이런 것이다. A공기업에서 모 사업을 추진하다가 하도급 회사와 관련해 부당한 처우가 발생했고, 그로 인해 A공기업까지 구설수에 오른 일이 있었다고 가정해보자. A공기업은 다음 번에 유사한 사업을 낼 때 하도급과 관련하여 더 철저하게 관리하고 싶지만, 지난 사업 때 있었던 구설수를 굳이 드러내고 싶지는 않았다. 따라서 제안요청서에는 기본적인 하도급 규정만 기술했지만, 대신 하도급 관련 기술평가 배점을 평소보다 50% 이상 높였다. 사전영업과 제안요청서를 면밀히 분석해서 이러한 정황을 파악할 수 있다면, 경쟁사보다 좀 더 효과적으로 대응할 수 있는 방법을 찾을 수 있을 것이다.

맡은 역할을 확실히 파악하자

제안서에는 여러 가지 내용이 복합적으로 들어간다. 사업을 언제까지 완료할 것인지, 어떤 산출물을 낼 것인지, 보안이나 지원은 어떻게 할 것인지, 인력이나 기타 자원은 얼마나 투입할지 등. 이런 내용은 한 사람이 모두 작성할 수 없다. 제안 작업은 100% 팀플레이다.

규모가 있는 대기업이나 제안 체계가 잘 갖춰져 있는 기업에서는 제안만 전담하는 조직이 별도로 있다. 이런 기업에서는 제안요청서가 나오면 제안 전문 조직의 주도하에 프로젝트 수행을 담당할 PM 및 제안 작성에 참여할 제안팀을 구성하게 된다. 하지만 실제로는 체계적인 제안 조직이 없는 경우가 더 많다. 이 경우 영업대표가 직접 제안서를 쓰거나, 프로젝트 수행 PM이 제안 PM 역할까지 한다. 낮에는 다른 프로젝트에서 업무를 하고, 저녁에 본사로 들어와 제안서를 쓰는 사람도 흔하다.

각자 사정에 따라 여러 형태의 제안팀이 만들어지겠지만, 분명한 것은 제안 작업에는 저마다의 역할과 책임 분담이 확실하게 이뤄져야 한다는 것이다. 제안 PM을 비롯해 실제 제안서 내용을 작성할 팀원들과 개발팀, 지원팀, 영업대표, 사업부장 등이 제안의 여러 파트에 참여하게 된다. 이때 가장 중요한 것이 R&R[Role & Responsibility]이다. 성공적인 제안을 위해서는 각자 자신이 맡은 역할의 일을 수행하되 책임감을 가지고 공동으로 노력해야 한다. 그렇다면 제안팀에서는 각자 어떤 역할을 맡고 어떤 일을 할까?

- **제안 PM**: 제안의 가장 핵심인 전략 수립에서 중추적인 역할을 한다. 고객의 요구사항을 정확히 알고 우리 회사와 경쟁사의 약점과 단점을 고려하는 한편, 전체적인 정보를 통합해서 제안전략을 만든다. 또한 제안 작업에 참여하는 구성원 및 외부업체들과 진행하는 일정을 관리한다. 무엇보다 제안 작업 자체와 실제 사업 수행 시 예상되는 문제점에 대한 해결책을 준비하며 여러 조직 사이의 이슈사항을 조정하고, 필요한 지원을 받을 수 있도록 한다. 특히 제안 PM과 프로젝트 수행 PM 역할을 동시에 맡았다면 제안전략과 함께 수행전략도 준비하고, 가장 중요한 제안 프레젠테이션도 준비해야 한다.

- **제안팀원**: 실제로 제안서를 쓰는 역할을 한다. 맡은 부분에 따라 회사 내 개발팀이나 지원팀에 도움을 요청해야 하는 경우도 있다. 특히 신제품에 대한 제안이거나 해당 사업에서 뭔가를 새로

만들어내야 하는 제안에서는 더더욱 관련 팀과의 협업이 필요해진다. 하나의 제안서를 여러 명이 나눠서 작성하면 간혹 작성 내용이 겹치거나 비슷해지기도 하고, 전달하려는 메시지가 서로 다른 경우도 발생한다.

예를 들어, 사업의 이해 부문에서는 '본 사업은 ○○콘텐츠를 위한 플랫폼 구축 사업입니다'라고 정의했으면서 사업 관리 부문에서는 '본 사업의 본질인 ○○콘텐츠 수집을 위해…'라는 식으로 하나의 제안서 안에 앞뒤로 다른 메시지를 작성하는 경우가 생긴다. 이러면 안 되기 때문에 제안팀원들은 수시로 소통해 일관된 메시지를 유지해야 한다.

- **영업대표**: 사전영업에서 얻은 정보를 토대로 제안팀과 소통하면서 영업전략을 제안전략으로 만드는 데 참여하는 한편, 최종적으로 입찰금액을 결정한다. 영업대표는 제안요청서에 있는 문구 외에 고객의 니즈에 대한 정보를 면밀히 알고 있는 거의 유일한 사람이다. 제안 PM 및 제안팀과 수시로 소통하면서 이미 알고 있는 정보나 새롭게 알게 된 정보를 공유하고 사업 수주에 관한 고민을 나눌 수 있어야 한다. 경험상 영업대표가 뭔가 숨기고 있다는 느낌이 들었던 사업은 대개 수주에 실패하거나 사

업 수행에 어려움을 겪었다. 어려운 사업일수록 처음 단계에서부터 투명하게 공개하고, 치열하게 토론하는 것이 수주와 사업 성공에 도움이 된다.

- **사업부장, 임원, CEO**: 제안서를 직접 작성하지는 않지만 후방 지원과 중요 의사결정을 한다. 흔히 '윗선 영업'이라고 부르기도 한다. 고객사의 임원을 직접 만나 설득하기도 하고, 우리 회사의 평판이나 업계 소문에 대응하기 위한 마케팅이 필요할 때 의사결정을 하기도 한다. 가끔 제안서 제출과 프레젠테이션까지 끝났는데 최종 결정까지 시간이 지체되는 경우가 있다. 이럴 때 영업대표와 함께 책임 있는 임원급이 윗선 영업을 하면 도움이 되기도 한다. 대부분 고객사 내부에서 의견이 갈라진 경우이기 때문이다. 핵심 쟁점을 잘 잡아서 고객에게 확신을 줄 수 있는 중요한 역할이다.

제안서 작성:
본격적으로 쓰기에
돌입하자

| 제안 목차, 템플릿, 일정 확인부터 시작 |

단계별로 차근차근
제안서 쓰기의 원칙

목차를 짜는 효과적인 방법
: 스토리보드

　제안요청서 분석이 끝나면 당장이라도 제안서를 쓰고 싶은 마음이 들 것이다. 그러나 팀원들은 조금 더 기다려야 한다. 제안 PM이 먼저 해야 하는 작업이 있기 때문이다. 그중 하나가 제안 목차 작업이다.

　보통 제안 목차는 수십~수백 페이지에 이르는 제안서를 구조가 잡힌 체계적인 문서로 만들기 위한 것이다. 그런데 요즘은 목차를 스토리보드의 개념으로 접근하려는 시도가 많아지고 있다. 스토리보드는 영화 제작에서 쓰이는 용어로, 전체 스토리를 보는 사람이 이해하기 쉽도록 그려서 정리한 판이다. 보통 영화의 기획 단계에서 시나리오를 구체적으로 시각화하는 도구로 쓰이고 있다.

제안 목차가 스토리보드와 유사한 역할을 할 수 있도록 계획하는 것이 제안 PM이다. 잘 만들어진 제안 목차는 제안서의 첫 페이지부터 마지막 페이지까지 어떤 부분을 누가 작성하고, 어떤 내용이 들어가며, 빠트리지 말아야 할 요소가 무엇인지 잘 보여준다. 이런 목차(스토리보드)를 잘 만드는 일이 기술 제안서 몇 장을 쓰는 것보다 더 중요하다.

목차는 크게 제안 개요, 회사 소개, 기술 부문, 관리 부문, 지원 부문 등 크게 5~6개의 장chapter으로 이뤄진다. 이 장들은 보통 제안요청서에 포함하라고 규정되어 있다. 그 이하 중분류 단계의 목차도 정해져 있는 경우도 있다. 그보다 더 하위의 소분류 단계의 목차는 대부분 제안사에서 스스로 정할 수 있는 영역이다. 즉, 큼직한 부분은 미리 정해져 있고, 제안사에서 중분류 혹은 소분류 목차를 만들면서 제안서 스토리를 논리적이고 설득력 있게 풀어 나갈 수 있는 여지가 생긴다.

챗봇 시스템을 구축하는 제안서를 예로 살펴보자. 챗봇 시스템은 정해진 응답 규칙을 바탕으로 사용자가 질문을 입력하면 시스템에서 적절한 답변을 해주는 것이 기본이다. 이를 위해서는 사용자 접점의 UI^{User Interface}, 질문에 대한 답변을 찾아내거나 만들어내는 기술, 그리고 챗봇 시스템을 관리하는 기능 등 여러 가지가 필요하다.

이 제안에서 기술 부문의 목차는 어떻게 만드는 것이 가장 효과적일까? 우선 기술 부문 제안서의 첫 페이지에서 이번 사업이 얼마나 복잡한지, 혹은 얼마나 고도의 기술력이 필요한지를 설명하면서, 사업을 어떻게 수행할 것인지 단계별로 소개한다. 그 다음에는 시스템의 전체적인 구성도 혹은 개념도를 제시한 다음, 앞서 말한 챗봇 구축 각 단계별로 하나씩 내용을 풀어나간다. 마지막으로 이렇게 시스템을 구축할 때의 특장점 및 기대효과, 고유의 구축 방법론 등의 장점을 강조한다. 기술 부문 전체가 하나의 스토리를 이룰 수 있도록 목차를 구성하는 것이다.

제안요청서에 제시된 목차를 기본으로 스토리보드를 풀어내는 간단한 예시를 다음 페이지에 표로 나타냈다.

제안요청서(RFP) 요구 목차	제안서 스토리보드	작성 담당	작성 요령
3. 상세 제안 내용	3. 상세 제안 내용	제안PM	제안요청서에서 요구하는 목차대로 구성(2레벨까지)
3.1 제안 개요 및 배경	3.1 제안 개요 및 배경		
3.2 프로젝트 범위	3.2 프로젝트 범위		
3.3 고객 요구사항 구현방안	3.3 고객 요구사항 구현 방안	기술 부문 총괄	
	3.3.1 요구사항 구현을 위한 중점 추진 전략		요구사항 구현의 방법 및 추진 전략 설명
	3.3.2 상세 요건 충족 방안 요약		전체 요구사항 충족 방안의 요약본
	3.3.3. 대고객 커뮤니케이션 방안	기술 부문 작성 담당	고객 응대용 챗봇의 전체 개념도 및 간략한 설명 – 뒤에 이어질 개별 기능들에 대한 내비게이션 역할
	3.3.4 Q&A 엔진 구축		챗봇의 핵심 엔진 구축 방안(backend) – 경쟁사 대비 당사의 기술력 우위성 부각
	3.3.5 챗봇 어플리케이션 구축		고객이 사용하게 될 챗봇 앱 구축 방안(frontend) – 이해하기 쉽도록 가상의 채팅 시나리오 설정 필요
	3.3.6 운영관리 도구 구축		챗봇을 운영하기 위한 관리자 모듈 구축 방안 – 관리하기 편한 UI/UX 강조할 것

자료 8 스토리보드를 기반으로 한 제안서 전체 개요 예시

제안요청서에는 2레벨(중분류)까지만 제시되어 있고, 3레벨(소분류) 이하는 제안사에서 자유롭게 구성할 수 있게 되어 있다. 따라서 '고객 요구사항 구현방안'을 풀어내기 위해 전체적인 추진전략에 대해 먼저 기술하고, 상세 충족 방안에 대한 요약본을 제시한 다음, 하나하나 상세하게 설명하는 방식으로 목차를 만들었다.

먼저 내외부 정보를 바탕으로 일반 국민인 고객을 응대하기 위한 챗봇인만큼 어떤 정보를 어떻게 수집하여 챗봇을 구축하고 고객에게 전달할 수 있는지 전체적인 개념에 대한 설명을 제시했다. 그러고는 챗봇의 핵심 엔진에 대한 구축 방안과 특장점을 보여주고 고객이 직접 사용할 챗봇 앱의 구축 방안을 설명했다. 마지막으로 챗봇 시스템을 운영 관리하기 위한 관리자 모듈의 구축 방안을 제시했다. 완성된 스토리보드는 전체 시스템을 개괄적으로 훑어보고, 이어서 하나씩 상세하게 설명하는 방식으로 구성되었다.

목차를 만들 때 반드시 해야 할 일은 각 챕터별로 작성 담당자를 정하는 것이다. 챕터별로 우리 회사의 제안팀원이나 컨소시엄을 구성한 협력사를 지정하는데, 필요한 경우 주담당자와 부담당자로 2명을 지정할 수도 있다. 또한 제안 목차를 만들 때는 제안서에서 표현해야 할 핵심이슈나 작성 시의 주의사항 등을 함께 기재하는 것이 좋다. 그래야 제안서 업무 분담 상황을 파악하기 쉽고, 제안 일정을 관리할 때나 제안서 리뷰 시에도 중요한 사항을 빠뜨리지 않을 수 있다. 스토리보드 형식으로 잘 만든 목차는 제안서 작성뿐만 아니라 관리의 도구가 되기도 한다.

마감은 생명이다
: 일정관리

제안 PM의 중요한 일 중 하나가 목차 만들기라고 앞서 언급했다. 다른 하나는 바로 일정관리다. 프로젝트의 PM과 마찬가지로 제안 PM은 '제안'이라는 하나의 프로젝트를 수행해야 하기 때문이다.

프로젝트 수행에서 가장 중요한 것은 무엇일까? 뭐니뭐니 해도 '납기 준수'다. 내가 오랜 시간 몸담아온 IT 업계에서는 농담인 듯 진담인 진리의 격언이 있다. 바로 "납기는 생명, 품질은 자존심"이라는 말이다. 업계 최고의 자존심을 지키려면 고품질의 결과물을 만들어야 하지만, 그 전에 예정된 날짜까지 프로젝트를 완료하는 것이 우선이라는 의미다. 어쨌든 살아야 자존심도 지킬 수 있는 것 아니겠는가. 그만큼 납기는 중요하다.

주요 작업	10/15	10/16	10/17	10/18	10/19	10/20	10/21	10/22	10/23	10/24	10/25	10/26	10/27	10/28	10/29	10/30	10/31	11/01	...	11/06
RFP 공고	■	■																		
RFP 분석		■	■																	
제안목차 작성			■	■																
템플릿 작성			■																	
제안서 작성					■	■	■	■	■										■	
제안전략 회의								■												
1차 리뷰										■										
2차 리뷰														■						
최종 리뷰																		■		
제안발표 자료 작성													■	■	■					
제안서 제출																				■

자료 9 간트 차트 형식의 제안 일정계획 예시

이는 제안 프로젝트에도 동일하게 적용된다. 제안서 제출 일시까지 제안서가 완성되지 않으면 아무 소용이 없는 것이다. 설마 마감일까지 제안서를 완성 못해서 제출을 못하는 일이 있을까 싶지만, 실제로 가끔 일어나는 일이다. 제안서를 많이 써본 사람들은 이런 말도 한다. "제안 작업 기간이 2주일이 주어지든 40일이 주어지든, 제안서는 마지막 2주일 동안 쓰게 된다." 이렇게 진행되는 경우 막바지에 며칠씩 밤을 새기 일쑤이다. 마감일까지 제안서를 완성 못하거나 마지막 2주 동안 밤을 새워가며 쓰는 2가지 사례 모두 제안 일정관리에 실패한 경우다.

제안 PM은 주어진 시간과 제안 작성에 참여할 인력의 숙련도 등을 고려해 일정계획을 수립한다. 일정이 빠듯하면 그 기간 내에 제안서를 완성할 수 있는 방안을 마련하는 것을 최우선으로 고려하고, 일정이 넉넉하면 고객사와 사업 정보를 수집해서 필승전략을 세우고 작성된 제안서를 꼼꼼하게 검토한다. 기간이 짧으면 짧은 대로, 길면 긴 대로 나름의 원칙과 질서를 가지고 작업을 진행하면 된다.

제안 일정관리를 위해 간트 차트를 사용하기도 하지만, 좀 더 간편하게 달력 형식으로 관리하는 것도 좋다. 제안 일정계획을 수립할 때 기준이 되는 확실한 날짜는 제안요청 공고일과 제안제출 마감일이다. 제안제출 마감일을 표시한 다음, 시간 역순으로 거꾸로 올라가면서 주요 마일스톤들을 배치하며 전체 일정을 계획하는 것이 일정계획을 빨리 수립할 수 있는 하나의 팁이다.

일	월	화	수	목	금	토
		3월 10일	3월 11일	3월 12일	3월 13일	3월 14일
		RFP 공고		RFP 분석		
3월 15일	3월 16일	3월 17일	3월 18일	3월 19일	3월 20일	3월 21일
	제안전략 회의	템플릿/ 목차 작성				
3월 22일	3월 23일	3월 24일	3월 25일	3월 26일	3월 27일	3월 28일
	1차 리뷰					
3월 29일	3월 30일	3월 31일	4월 01일	4월 02일	4월 03일	4월 04일
	2차 리뷰					
4월 05일	4월 06일	4월 07일	4월 08일	4월 09일	4월 10일	4월 11일
	3차 리뷰		제안서 마감	평가본 작성 (로고 등 삭제)		
4월 12일	4월 13일	4월 14일	4월 15일	4월 16일	4월 17일	4월 18일
	제안요약서 작성					
4월 19일	4월 20일	4월 21일	4월 22일	4월 23일	4월 24일	4월 25일
		제안서 제출	제안발표			

자료 10 달력 형식의 제안 일정 계획 예시

자료 10의 달력 형식 제안 일정 계획을 예로 들어보자. 3월 10일 제안요청서가 공고되었고 4월 21일이 제안서를 제출하는 날이다.

먼저 엑셀 프로그램을 열고 달력 형식으로 기본 날짜들을 세팅한 다음, 제안요청 공고일과 마감일을 표시한다. 약 6주의 기간이 보일 것이다. 그 기간 동안 추가해 넣어야 할 주요 마일스톤은 제안요청서 분석, 제안전략 회의, 제안서 리뷰(1차, 2차 등), 발표자료 작업 시점, 기타 후반 마무리 작업 등이다. 제안 기간이 짧다면 불필요한 마일스톤을 생략하거나 일정을 겹쳐서 동시에 진행하는 것으로 계획을 세울 수는 있다.

하지만 아무리 급하게 진행되는 제안 작업이라도 제안요청서 분석 같은 필수 마일스톤을 생략해서는 안 된다. 아무리 일정이 촉박해도 반드시 제안요청서 분석 시간을 확보해 계획을 세우자. 이것이 제안서 한 장 더 쓰는 것보다 훨씬 중요하다.

통일성 확보하기
: 표준 템플릿 지정

스토리보드와 일정계획을 통해서 제안서 작성의 설계도가 나왔는가? 이제 제안서 내용을 작성해야 할 시점이 왔다. 제안 PM은 먼저 템플릿template을 만들고 제안팀원들에게 배포해야 한다. 템

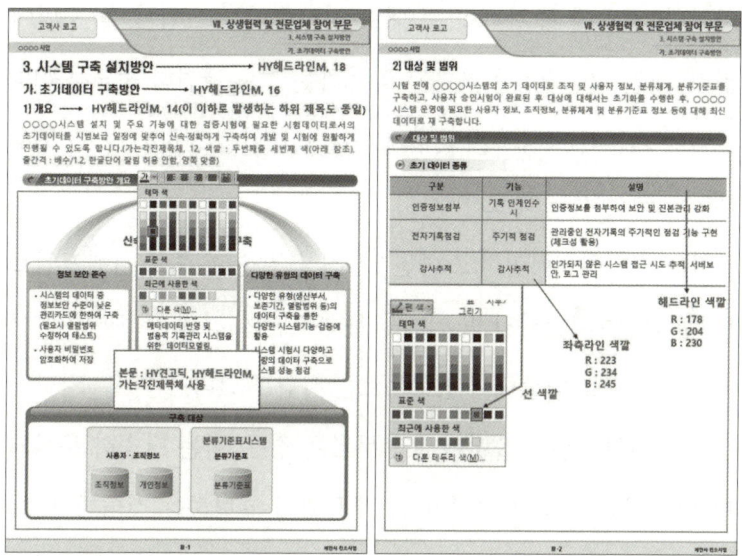

자료 11 템플릿 사례

플릿을 만드는 이유는 간단하다. 제안서는 여러 사람이 나눠서 작성하게 되는데, 서식의 표준을 세우고 그에 따라 작성하지 않으면 나중에 모아서 하나의 제안서 파일로 만들 때 완성도가 떨어진다. 예를 들어 제안서를 쓸 때 어떤 사람은 서체를 나눔고딕체로 하고 다른 사람은 바탕체로 한다면, 나중에 취합했을 때 조잡하다는 느낌이 들 것이다.

비단 서체만이 문제가 아니다. 사용한 색상, 표, 도형 등이 제각각 다르면 평가하는 사람의 입장에서는 완성도가 부족한 제안서

이거나, 시간에 쫓겨서 되는 대로 작성했다는 느낌이 들 수밖에 없다. 제안서의 내용을 제대로 작성하는 것도 당연히 중요하지만, 그전에 기본적인 사항을 맞추기 위해 템플릿을 정하고, 이를 준수해 작성하는 것도 중요하다.

실무에서 템플릿이라고 하면 2가지를 말한다. 주로 파워포인트로 작성되는 제안서의 빈 서식을 뜻하지만, 이전에 작성했던 유사 제안서 자체를 템플릿이라고 부르는 사람도 있다.

유사 제안서를 템플릿이라고 부르는 경우, 이는 단순히 문서의 형식만 정의한 것이 아니라 그 내용까지 포함하는 것이다. 이때 해당 사업과 가장 유사한 내용을 담고 있는 다른 제안서를 찾아 선택하게 된다. 이를 샘플 제안서라고 생각하면 된다. 유사 제안서를 템플릿으로 쓰는 것은 주로 제안 작성 기간이 부족할 때 사용하는 방법으로, 기존에 만들었거나 참조했던 제안서 중 이번 사업 내용과 가장 유사한 것을 가져와 제안요청서와 제안 내용을 비교·분석해가며 작성한다. 기존에 만들어둔 표나 도식 등을 재활용할 수 있고, 무엇보다 기존에 실패했거나 성공했던 전략을 다시 수정 또는 강화하여 적용할 수 있다는 장점이 있다.

유사 제안서가 아닌 완전히 새로운 제안서의 서식 템플릿을 만들 때는 제안서 각 페이지에 종류별 디자인을 포함해서 작성 양식과 표준을 결정해야 한다. 템플릿에 담아야 하는 요소들은 다음과 같다.

- **용지의 크기와 종류:** A4/A3 크기, 가로/세로 레이아웃 등
- **사용할 폰트 종류와 크기:** 나눔고딕 11pt, 나눔고딕 ExtraBold 11pt 등
- **머릿글 및 바닥글:** 사업명, 고객사/제안사 로고, 기타 이미지 서식
- **페이지 네비게이션:** 1. 사업의 이해, 가. 사업의 배경 및 목적 등 위계 정하기
- **제안요청서에서 요구한 항목:** 제안사 일반현황, 최근 3년간 매출과 자본금 등
- **제안서 샘플:** 제안서 작성에 참고가 될 만한 기본 틀
- **기타 다양한 도식자료:** 화살표, 글 박스 등

템플릿이 어떻게 생겼는지 궁금하다면 구글에서 '제안서 템플릿' 키워드로 검색해보자. 다양한 제안서의 템플릿을 찾아볼 수 있다. 다만 이렇게 검색하면 대부분 이미지 형태의 템플릿이 결과로 나온다. 파워포인트 파일 형태의 템플릿은 포털사이트의 파워포인트 관련 블로그나 카페에서 구할 수 있다. 만약 제안서의 완성도를 높이기 위해 좀 더 전문적인 서식을 원한다면 템플릿을 디자인해서 판매하는 사이트에서 유료로 구입하는 방법도 있다.

대단원의 시작
: 킥오프 미팅

___

　단 한 명이 처음부터 끝까지 제안서를 작성하는 경우가 아니라면, 제안에 관련된 사람들이 모두 모여서 제안 작업에 착수하는 모임이 필요하다. 이를 킥오프 미팅 kick-off meeting 이라고 한다. 킥오프 미팅에는 제안 PM을 비롯하여 제안팀원뿐 아니라 담당 영업대표, 사업부장 등 제안전략과 관련한 의사결정권자, 기술 부문 작성자 등 관련자가 모두 참석해야 한다. 필요 시 컨소시엄사의 인력도 참석할 수 있다.

　킥오프 미팅은 제안 PM이 준비하고 주최한다. 먼저 영업대표나 제안 PM이 사업의 배경과 개요 등에 대해서 설명하고, 사전영업을 통해 얻은 제안 관련 정보들을 공유한다. 이때 영업 전략에 대해서도 함께 논의하면 좋다. 제안 PM은 제안의 방향과 함께 목차, 제안 일정, 템플릿 등을 발표하고 제안팀원 간 역할과 각자 작성할 부분을 나눈다. 만약 킥오프 미팅에서 정한 역할 분담이 적절하지 않다고 생각된다면 제안 PM은 되도록 빨리 그 내용을 발견하고 조치를 취해야 한다.

　킥오프 미팅에서 해야 하는 중요한 일 중 하나가 제안전략 개발이다. 영업대표라면 사업 수주를 위한 영업전략을 가지고 있을 것이다. 그것을 제안전략에 어울리는 문구로 바꾸어 정리하면 된다. 그밖에 우리 회사의 장단점, 경쟁사의 장단점 등 영업과 개발, 수행 등 여러 가지 측면에서 분석한 내용을 바탕으로 사업을 수주할 수 있는 전략을 세워보자.

킥오프 미팅 때 제안전략이 완성되지 않을 수도 있다. 그렇지만 대략의 제안전략 방향 정도는 세워놓고 제안팀원들과 공유하는 것이 좋다. 나중에 조금씩 수정하고 보완해나가더라도 말이다. 아예 전략이 없거나, 킥오프 미팅 때 세운 전략의 방향이 추후 완전히 틀어지는 일은 절대, 절대 없어야 한다. 한참 달리다가 멈추고 "이 길이 아닌가벼?"는 안될 말이다.

제안 PM이 준비한 목차, R&R, 일정계획, 템플릿을 제안팀원 모두에게 공지하고 설명하는 것도 필요하다. 목차의 스토리보드를 각 부문별로 지정된 작성담당자들이 확인하고, 일정에 맞게 진행하도록 한다. 일정에 차질이 생길 것 같으면 되도록 빨리 제안 PM과 상의할 것을 당부해야 한다.

앞서 말한 제안서 템플릿도 킥오프 미팅을 통해 작성담당자들과 공유한다. 내부 제안팀원뿐 아니라 컨소시엄이나 협력업체의 제안작성 담당자와도 공유하면서, 템플릿 자체만 전달할 게 아니라 작성 표준에 대해 설명하고 그 표준에 따라 작성해달라고 요청해야 한다. 템플릿에 정해놓은 표준을 지키지 않고 작성하면 취합하는 과정에서 어려움이 크다. 여러 사람이 작성한 제안서 내용을 하나의 제안서로 깔끔하게 정리하는 데 생각 외로 시간이 많이 소요된다. 제안서 막바지 작업 때 폰트 크기나 도표의 선 색깔을 고치며 시간낭비를 하고 싶지 않다면, 처음부터 템플릿 표준에 대해 충분히 인지시키고 작성담당자들의 협조를 끌어내야 한다.

혹시 사업의 규모가 커서 제안 PM이 맡은 일이 너무 많고 복잡해 혼자서 모든 것을 관리할 수 없는 상황이라면, '제안 코디네이터'를 별도로 두는 것도 고려할 수 있다. 제안 코디네이터의 역할은 계획된 일정에 따라 제안서 작성 정도를 체크하고 조율하는 것이다. 제안 PM도 할 수 있는 일이지만, 제안 PM은 제안 프로젝트 전체를 관리하느라 정작 제안서를 꼼꼼히 읽어보고 코칭할 시간이 부족할 수 있다. 제안 코디네이터는 제안 PM을 대신해 제안서의 첫 장부터 마지막 장까지 모두 검토하고 일관된 메시지를 전달할 수 있도록 구성되었는지, 제안서의 모든 페이지가 균형적으로 작성되었는지 등을 살펴보는 역할을 함으로써 제안 작업을 수월하게 만들 수 있다.

제안전략:
제안 PM의 활약이 필요해

| 사업 수주를 위한 핵심 작업 |

영업전략에서 제안전략으로

제안전략 수립은
제안 작업의 꽃이다

　제안전략은 제안 작업의 꽃이다. 그렇다면 열매는 무엇일까? 바로 사업 수주다. 꽃을 얼마나 크고 아름답게 피우는가에 따라 제안의 성패가 결정된다. 이를 잘 보여주는 한 사례를 소개하고자 한다.

　모 공기업의 업무 시스템 재구축 사업에 참여했을 때다. 이 회사는 10여 년 전에 구축한 시스템을 사용하고 있었는데, 그 시스템을 손 보고 모바일로도 업무를 할 수 있도록 재구축하려 했다. 여기서 주목한 것은 '재구축'이라는 사업명이었다. 보통 기존 시스템을 개편하려고 할 때 재구축 혹은 업그레이드 형태의 사업이 나오는데, '업그레이드'는 기존 시스템을 계속 사용하고 싶다는 의미로, '재구축'은 다른 제품으로 새로 구축하고 싶다는 의미로 받아들여지곤 한다. 당시 이 기업이 사용하던 시스템은 액티브엑스 Active X 기술로 개발된 일부 기능들이 오류를 일으키고 보안상의 문제가 있던 터였다. 우리는 여러 가지 사항을 고려해 총 4가지 전략을 만들었다.

1) 가장 최신 버전의 솔루션으로 시스템을 구축하되 액티브엑스 기술을 사용하지 않는다.
2) 기존에 사용하면서 쌓인 데이터들을 모두 안전하게 신규 시스템으로 이관해서 업무 공백이 생기지 않도록 한다.
3) 표준 방식의 솔루션을 도입하여 고객사 내부의 시스템과 연동한다.
4) 유사한 사업 경험이 있는 전문가를 투입하고 철저하게 사업을 관리한다.

제안의 결과는 어떻게 되었을까? 기존 사업자였던 경쟁사보다

전략 부문 기술평가 점수 0.9점, 전체 기술평가 점수 1.44점을 더 받아서 최종 수주에 성공할 수 있었다.

이러한 제안전략의 밑바탕에는 영업전략이 있다. 영업전략에서 어떻게 제안전략을 만드는지 이해하는 것이 제안 PM이 할 일이다. 그런데 이쪽 일을 하다 보면 영업전략이 제안전략 수립에 어느 정도 부분을 차지하는지 잘 모르는 것 같은 영업대표들을 종종 마주친다. 마치 영업에서 얻는 정보와 제안서에 쓰는 전략을 별개로 생각하는 것 아닌가 하는 생각이 들 정도다.

결론부터 말하자면, 절대 아니다. 영업전략과 제안전략은 밀접한 관계가 있으며, 잘 만들어진 영업전략은 그대로 제안전략으로 연결되어 사업 수주에 성공할 수 있는 밑바탕이 된다.

영업전략은 일반 영업정보와는 다르다. 대부분의 영업정보는 사업예산, 기간, 사업을 담당하는 고객사의 부서나 조직, 이 사업이 발주되기까지 어떤 히스토리가 있었는지 등등이다. 이런 영업정보에서 전략이라고 부를 수 있을 만한 것이 나오려면 좀 더 디테일하게 들어가야 할 필요가 있다.

예를 들면, 대략 3억 원 정도의 예산으로 사업을 준비 중이라는 영업정보가 있다고 하자. 그런데 고객사가 곧 비상 경영 체제로 들어갈 것이 예상되어 예산이 5천만 원 정도 깎일 수 있다는 추가

정보가 입수되었다면, 원래 계획하고 있던 사업 내용 중 일부를 향후 확장 방안으로 제안하는 것을 고려할 수 있다. 이것이 영업전략이다.

혹은 고객사에서 사업을 추진하는 담당 부서장이 신기술 도입과 적용에 굉장히 관심이 많은 사람이라는 정보가 있다면 제안서에도 최신 기술과 그 기술을 적용하여 성공한 다른 사례들을 좀 더 강조할 수 있다. 이런 영업정보들을 수집해 분석하면 영업 차원에서의 전략도 나오고, 더욱 발전시켜 제안전략으로 이어질 수 있는 것이다.

영업대표가 영업정보를 아무리 수집해도 특별한 영업전략이라 할 만한 것이 없다고 느낄 수도 있다. 그렇다면 영업대표와 제안 PM이 고객사 및 사업에 관한 이야기를 많이 나누는 것이 좋다. 영업대표가 제안룸에 들러 고객사를 만난 이야기, 경쟁사에 대한 소문, 주변 상황에 대한 이야기들을 계속 나누다 보면 나도 모르게 영업전략과 제안전략의 실마리를 발견할 수 있을 것이다.

이렇게 실마리를 발견하면, 제안 PM은 영업대표의 머릿속에 있는 '영업적인 단어'를 꺼내 '제안전략에 어울리는 단어'로 바꾸면 된다. 영업대표의 머릿속에 있는 전략이 '우리 제품은 값이 저렴합니다'라면, '고객의 특성을 고려해 가성비 최고인 제품으로 고객의 만족도를 높입니다'라고 바꾸면 제안전략이 된다. 우리가 내세울 수 있는 장점과 고객사의 사정을 모두 포함한 전략을 짜는 것이다.

　이러한 사례가 있었다. 고객사는 지역 소재의 공공기관이고 제안사는 수도권에 있었다. 기술지원이 긴급하게 필요한 일이 생길 때, 폐쇄망으로 인해 원격지원이 안 되고 직접 방문해야 하는 경우 대개는 몇 시간씩 소요된다. 그 시간 동안 시스템이 중단되고 업무에 지장이 생기는 것에 대해 고객사가 우려하지 않을까 하는 고민이 들었다. 이러한 문제를 해결하기 위해 그 지역에 위치한 업체와 협업하는 방식을 제안했다. 마침 고객사까지 차량으로 30분 이내 거리에 오랜 기간 파트너십을 맺어온 협력사가 있었고, 구축할 시스템의 유지보수를 협력사에 맡기는 방안을 고안해냈다. 이렇게 해서 만들어낸 전략은 "10년 이상 기술 파트너십의 지역 협력사가 최단 시간 내 방문 지원"이었다. 이러한 강점으로 고객사를 만족시켜 수주에 성공할 수 있었다.

최고의 전략은
제안요청서에서 도출하자

제안전략과 영업전략의 바탕이 될 정보를 찾는 것이 처음에는 막연할 수 있다. 몇 가지 사례를 통해 유용한 정보를 수집하는 방법을 알아보자.

제안요청서를 보면 관련 법령이나 규정 등이 언급되는 경우가 있다. 특히 공공기관이나 금융기관의 제안요청서에서 자주 볼 수 있는데, 이런 경우 해당 법령이나 규정의 내용을 좀 더 자세히 살펴보고 이해해야 한다. 관련된 사례로, 모 금융기관의 제안요청서에 "금융지주회사 등의 공동광고 및 사무공간 등 시설의 공동 사용 기준' 준수 방안 제시"라는 내용이 있었다. 제안요청서에는 해당 기준의 일부 내용만 있기 때문에, 국가법령정보센터 홈페이지에서 행정규칙 '금융지주회사감독규정'을 찾아 내용을 꼼꼼히 파악했다. 해당 규정을 지나치다 싶을 만큼 철저히 준수하려는 고객사의 요구에 대응해, 이로써 적절한 사업 이익을 담보할 수 있는 수준의 수행 방안을 마련할 수 있었다.

또한 고객사가 제안요청서를 작성할 때 참고로 했던 통계자료나 참고자료가 있다면 필요에 따라 추가로 준비하거나 보강자료

구분	직접/전화 상담		인터넷 상담	
연도	직접 상담	전화 상담	신문고	문자 상담
2015년	1,229,558	2,596,230	21,844	65,623
2016년	1,283,436	1,925,076	14,594	68,892
2017년	1,242,780	1,874,035	13,579	65,249

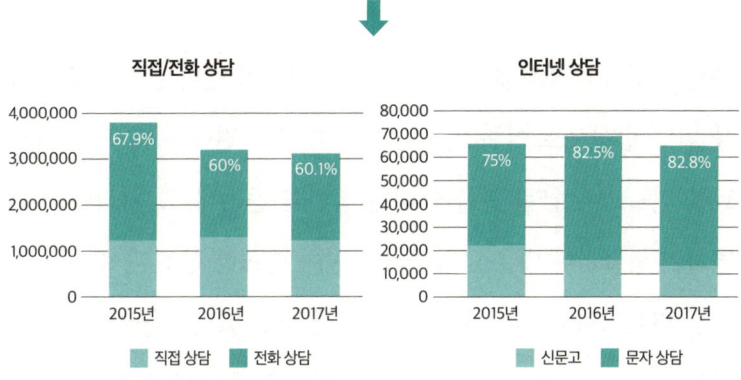

자료 12 제안요청서 내 통계자료 활용 사례

를 만드는 것도 좋다. 가령 "스마트폰 내에서 가장 많이 실행되는 앱 10개 중 6개가 모바일 메신저"(Internet Trends, 2015, Mary Meeker '15.7.)나 "전화 대신 카톡으로… 갈수록 심화되는 콜포비아"(파이낸셜 뉴스, '18.5.2.) 같은 문구가 제안요청서에 있다면, 이 인용구를 직접 검색해서 원문을 확인해보자. 그 과정에서 고객사가 참고로 했을 법한 다른 자료들도 얻을 수 있다. 또 한 가지 팁은 제안요청서에 있는 통계자료의 표가 단순히 숫자로 나열되어 있다면, 이를 효과적으로 시각화해서 보여줘 사업에 대해 정확하게 이해하고 있다는 기초 자료로 사용하는 것이다.

　제안요청서가 나오기 전 고객사와의 인터뷰 자료는 가장 정확하고 확실한 정보일 가능성이 높다. 가능하면 PM, 컨설팅 인력 등과 함께 고객의 관심 분야나 사업의 마스터플랜에 대해 직접 인터뷰를 진행하고 자료를 확보해보자. 고객과의 인터뷰는 대개 테이블 미팅 방식으로 이뤄진다. 고객을 만나기 전에 미리 질문 리스트를 만들고 궁금한 부분에 대한 답변을 듣는데, 그 자리에서 답변하기 힘들거나 다른 담당자의 답변이 필요한 경우 다시 미팅 자리를 만들거나 서면으로 답변을 받을 수도 있다. 더불어, 인터뷰 자리에서 고객이 궁금해하는 것에 답변할 수 있으면 더욱 좋다. 이렇게 조금은 편하게 고객과 인터뷰를 할 수 있으려면 영업대표가 사전영업을 탄탄하게 해놓는 것이 필요하다.

　의외로 고객사도 사업의 방향성이나 마스터플랜에서 구체적으로 무엇을 어떻게 해야 할지 잘 모르거나 아직 확정하지 못하고 있는 경우도 있다. 고객사의 입장에서는 오히려 이에 대한 적절한 방안을 제시해주기를 바랄 수도 있다. 이때 제대로 된 방향성을 제시해줄 수 있다면 확실한 영업정보를 얻음과 동시에 사업 수주에 한 발짝 더 유리한 위치를 선점하는 효과도 덤으로 얻을 수 있다.

고객사의 요구를 어디까지 맞출 수 있는가?
: 기술분석 자료

기술분석 자료를 만드는 것은 주로 프로젝트 수행 부문의 역할이다. 제안요청서에 부합하는 우리 회사의 기술력과 역량을 눈에 보이게 만드는 것으로, 고객의 요구사항을 충족하기 위해 어떻게 하느냐how를 보여주는 것이라고 할 수 있다. 고객사의 현재 상황as-is을 파악하고, 프로젝트에서 구축할 목표to-be를 체계적으로 보여주는 과정에서 올바른 절차, 방법, 경험으로 증명해 보일 수 있어야 한다. 제안서는 이를 밑바탕으로 쓰는 것이다. 그냥 "최선을 다해, 열심히, 잘하겠습니다"는 전략이 될 수 없다.

기술분석 자료에 정해진 형식이 있는 건 아니다. 다만 나는 고객 요구사항을 항목별로 보기 쉽게 정리하기 위해 엑셀을 이용하는 것이 가장 편했다. 요구사항의 명칭과 상세 요구사항을 쓰고 수용 가능한지, 만약 추가로 개발해야 한다면 어느 정도의 공수가 필요한지 등을 적는 것이다. 만약 이런 과정을 통해 나온 추가 공수가 지나치게 많으면 투입 인건비의 비중이 높아지고 결과적으로는 사업성이 낮아지게 된다. 공수를 줄일 수 있는 방법이나 다른 해결책을 찾는 것이 제안 과정에서 기술분석을 꼼꼼히 해야 하는 이유 중 하나다.

마지막으로 평가와 관련한 내용이다. 내부 평가인지, 외부 평가인지에 따라 제안전략은 완전히 달라질 수 있다. 평가자가 다수인지 한 명인지에 따라서도 달라지고, 평가위원단에 어떤 사람들이

요구사항	내용	수용여부	개발공수
SFR-001 기본 요구사항	수량: 2식(Active-Active)	○	
	Active X를 사용하지 않는 제품(단, 불가피하게 Active X가 필요한 경우는 사전 협의를 해야 함)	○	
	전용 브라우저가 아닌 다양한 상용 브라우저에서 정상적으로 기동되어야 함(예: MS Edge, Chrome, Firefox, Safari 등)	○	
	패키지 솔루션 제공을 통한 구축시간 단축 및 커스터마이징을 통한 요구사항 반영	○	
	GS 인증 획득 제품	○	
...	...		
SFR-013 타 시스템 연동	신규구축 시스템의 인사/급여/회계/지출 및 기존 레거시 등에 대해서 10종 이상 연동	○	3
	DRM(문서보안) 시스템과 암·복호화 지원 및 출력물 보안 연동	○	0.5
SFR-014 보안 요구사항	마지막 로그인 일시와 접속 IP 등 마지막 접속정보 표시	○	0.5
	로그인 패스워드는 길이, 대소문자/숫자/특수문자 구성, 만료기간 등을 설정하여 전사 적용	○	
	로그인 패스워드는 표준 암호화 방식(MD5 등)을 적용하여 암호화 처리	○	

자료 13 기술분석 자료 예시

포함되는지에 따라서도 달라진다. 고객사 보안 담당자가 평가위원으로 들어온다면 그 사람의 주요 관심사는 보안성 준수 여부일 것이다. 마케팅 담당자가 평가위원이라면 그 사람은 홍보 방안을 더 집중해서 볼 수 있다. 따라서 평가위원 구성과 평가항목에 대한 검토와 정보 수집이 필요하다.

항목	내용
제안요청서 사전 준비	제안요청서 작성 보조 자료 사전영업 단계에서의 고객 이슈 사항, 구체적인 문제점 등
평가 관련 자료	전체 평가 기준(내부/외부 평가, 정량/정성 평가 등) 제안요청서 평가표
고객 인터뷰 자료	고객 측 주요 관심 분야 및 업무 수행 현황 고객의 중장기 마스터 플랜master plan과의 연계성
고객의 방향성	비용절감, 클라우드/SaaS 등의 활용방안에 대한 고민, 시스템 통합 아키텍처에 대한 고민 등
분석 산출물	• 고객 측 현행 시스템 아키텍처 검토 - 사용 중인 시스템, 외부 시스템 연결

분석 산출물
• 제안요청서 요약(정리) 자료
• 고객 질의서 및 질의사항에 대한 답변서
• 제안요청서 분석 시트
	• 고객 측 현행 시스템 아키텍처 검토
	  - 사용 중인 시스템, 외부 시스템 연결
	  - 작업형태, 향후 계획 등
	• 기술적 요구사항 검토
	  - 업무적 특성을 반영한 고객 요구사항
	  - 전자결재 등 기간계 시스템과의 데이터 처리 방안
	  - 마이그레이션 방안

자료 14 제안전략을 위한 정보 분석 예시

무조건 1등을 목표로 하자

　수의계약이나 단독 입찰하는 경우를 제외하고 모든 제안 사업에는 경쟁사가 존재한다. 제안의 목표는 수주하는 것이다. 다른 경쟁사들을 이기고 1등을 차지하면 되는 것이다. 여기서는 아깝게 2등을 하나 꼴찌를 하나 똑같다. "1등만 기억하는 더러운 세상"이 바로 여기다. 흔히 입에 담는 '졌잘싸(졌지만 잘 싸웠다)' 같은 게 없는 곳이 또 여기다. 간혹 2등을 한 업체가 나중에 역전하는 경우도 생기긴 하지만 아주 드물고, 제안 경쟁에서는 무조건 1등을 해야 한다. 어쨌든 경쟁이기 때문이다.

　경쟁에서 이기기 위해서는 경쟁사 대신 우리 회사를 선택해야 하는 이유를 고객사에 최대한 설득력 있게 주장해야 한다. 경쟁에서 이기는 전략을 간단하게 설명하면 다음과 같다. "우리 회사의 강점은 최대로, 약점은 최소로. 경쟁사의 강점은 최소로, 약점은 최대로." 사실 이렇게 말하면 너무 뻔하지 않느냐고 피식 웃을 수 있다. 누구나 알고 있을 법한 기본 원칙이지만, 막상 실천하려고 하면 그리 쉽지 않다는 것이 함정이라면 함정이다. 그렇다면 이를 잘하려면 어떻게 해야 할까?

　먼저 우리 회사의 강점과 약점을 명확하게 파악해야 한다. 회사

신용등급이나 사업수행 레퍼런스 같은 정량적인 사항들은 상대적으로 쉽게 파악하고 증명할 수 있는 강점이다. 반면 오랜 시간 쌓은 경험, 노하우, 프로세스 등은 강점으로 설정했을 때 이를 증명하고 설득하려면 많은 노력이 필요하다. 각종 인증, 수상내역, 타사에서 수행한 사업들의 성공 스토리 등을 체계적으로 정리해 놓고, 평소 언론을 통한 홍보와 마케팅도 필요하다.

우리 회사의 약점은 누구보다 우리가 제일 잘 알고 있지만 그것을 최소화하기 위한 방안을 찾기 힘든 경우가 많다. 4가지 경쟁전략 중에 제일 못하는 것이 '우리 회사의 약점 최소화'인데, 제안 과정에서 약점을 아예 언급하지 않거나 거짓말을 하면 절대로 안 된다. 우리 회사의 약점을 경쟁사에서 알고 있을 가능성도 크기 때문이다. 경쟁사에서 우리 회사의 약점을 공격하는 경우, 제안발표에서 약점에 대한 질문을 받고 허둥대는 모습을 보이는 것보다 미리 제안서에 그 약점에 대한 극복 방안을 미리 언급해주는 것이 훨씬 낫다.

경쟁사를 파악하는 데 있어 문제는 대부분 정보 부족이다. 경쟁사의 강점과 약점 등은 여기저기서 얻는 정보로 추측하는 경우가 많기 때문이다. 공신력 있는 매체에 의한 시장점유율 같은 정보가 아닌 이상, 이렇다 할 강점이나 약점을 찾기가 쉽지 않다. 이 문제를 해결하는 방법 중 하나로 제시하고 싶은 것이 평소에 경쟁사 분석을 하는 것이다. 경쟁사의 재무상태, 새로운 제품 출시 여부, 주요 기능 비교, 시장 평판 등의 정보를 계속 모으고 정리해 강약점을 분석해놓으면, 해당 경쟁사와 맞붙는 제안 작업에서 유용하게 사용할 수 있다.

이렇게 파악한 경쟁사 정보를 활용해 전략을 세울 때는 그 수위를 조절하는 것도 필요하다. 경쟁사의 약점을 이용하면 비교적 전략을 쉽게 세울 수 있는데, 방법이 지나치게 원색적이거나 부정적이면 역효과를 낼 수도 있으니 조심해야 한다. 가령 경쟁사가 A사업에서 100% 국산 부품을 사용한다고 제안하고 수주했는데, 알고 보니 중국산 부품을 사용한 것이 밝혀졌다고 해보자. 이 경우 A사업과 유사한 이번 사업 제안에서는 경쟁사의 거짓말을 직접적으로 비난하는 전략보다는 은근슬쩍 경쟁사의 약속 위반 사실을 드러내면서 '우리 회사는 고객과의 약속을 지키는 믿을 수 있는 사업자'임을 강조하거나, '우리 회사는 부당업체가 아닙니다'라는 문구를 통해 마치 경쟁사가 부당업체인 것처럼 생각할 수 있도록 하는 것이다.

우리를 콕 집어 선택하게 만들기
: 가치제안

가치제안이란 자사의 제품이나 서비스가 고객의 문제를 더 수월하게 해결해줄 수 있다고 제안하는 것이다. 제안 현장에서 가치제안은 가격평가 열세를 극복할 수 있는 방안의 하나이자 고객과 우리 회사의 윈-윈을 만들어낼 수 있는 전략으로 여겨진다.

경쟁사보다 우리 회사의 제안가격이 높을 수밖에 없는 사업구도라고 가정해보자. 과연 손해를 감수하고 소위 말하는 '전략적 제안'을 할지 혹은 다른 방법을 찾을지 선택해야 한다. 전략적 제안을 하는 경우는 이번 사업보다 향후 더 큰 사업을 위해 일시적으로 손해를 보는 대신 레퍼런스를 구축하기 위함이다. 가격을 낮출 수 없는 경우라면 가격점수에서 차이 나는 만큼을 기술점수에서 역전시킬 수 있는 전략을 짜야 한다. 가치제안은 이때 필요한 것이다.

쉬운 예를 하나 들어보자. 집에서 쓰던 냉장고가 고장나 가전매장에 나가 신제품들을 살펴보았다. 여러 제품을 둘러본 끝에 A와 B 제품 중 선택하려 한다. 용량과 디자인은 거의 비슷한 상황에서 A 제품은 저렴하고 B 제품은 비싸다. 주머니 사정이 빠듯하다면

A 제품을 고를 가능성이 높다. 하지만 냉장고는 소비재가 아니라 10년 정도 오래 사용하는 제품이다. 만약 판매사원이 소비자가 기존에 쓰던 냉장고가 전기를 많이 소비하고 소리도 시끄러워서 불편했다는 정보를 알게 된다면, 에너지효율이 1등급이고 저소음이라는 장점을 강조하면서 더 비싼 B 제품을 팔 수 있을 것이다. 소비자는 예산을 약간 오버해서 지출하기는 했지만 좋은 냉장고를 사서 만족스러울 것이고, 판매원은 더 많은 매출을 올릴 수 있어서 만족한다. 양쪽 다 윈-윈인 것이다.

이런 가치제안을 위해서는 무엇보다 정확한 정보와 판단이 필요하다. 그중에서도 고객사의 핵심이슈는 중요한 포인트 중 하나다. 앞의 냉장고 구매 사례에서 핵심이슈는 가격도 중요하지만 그보다는 에너지 효율등급과 소음이었다. 이 핵심이슈가 제안요청서에 쓰여 있지 않은 경우도 있으니, 입수한 다른 영업정보와 함께 분석해 도출해내야 한다. 그리고 핵심이슈를 바탕으로 필승전략을 만들어야 한다.

H금융사에 제안했던 사례를 소개한다. 당시 H사는 사내 시스템 중 하나를 재구축하는 사업을 진행 중이었다. 이 시스템은 무려 11년 전에 구축한 것으로, 당시 솔루션을 제공한 외국계 개발사의 도산으로 시스템 개선은 물론 유지보수조차 할 수 없게 된 상황이

었다. 제안요청서는 단 9페이지. 별도로 나온 기능요구사항 목록은 3페이지가 전부인 데다, 시스템 현황이나 데이터 이관을 위한 구축사의 지원은 아예 기대할 수 없었다.

확인되지 않은 리스크까지 고려하면 제안하지 말아야 할 사업이었으나, 그나마 다행(?)인 것은 경쟁사도 우리와 마찬가지 입장이었던 것이다. 약 12일의 짧은 기간 동안 최선을 다해보자고 마음먹고 제안 작업을 시작했다. 수행 PM과 함께 고객사를 방문하여 직접 시스템을 보고 분석하면서 영업대표와 토의한 끝에 전략을 수립할 수 있었다.

시스템 구축 방법으로 2개의 방안을 마련했다. 기존 화면을 그대로 사용하고 최소한의 변경만으로 시스템을 구축하는 1안, 그리고 전면 신규 개발하는 2안이었다. 1안으로 하면 더 낮은 가격으로 입찰할 수 있지만, 제안팀은 고민 끝에 2안으로 결정했다. 고객사 입장에서는 11년만에 재구축하는 시스템인 만큼 신기술과 최신 디자인 트렌드 등을 반영해야 만족도를 충족시킬 수 있을 것 같다는 이유에서였다.

실제 제안 결과는 어떻게 되었을까? 뚜껑을 열어보니 예상대로 경쟁사에서 훨씬 낮은 가격을 제시해서 합산 점수로는 우리 회사가 지는 판세였다. 그러나 고객사의 의사결정권자들이 우리 회사에서 제시한 2가지 방안의 장단점을 잘 이해했고, 경쟁사가 제시한 가격에 '과연 그 돈으로 제대로 된 사업을 할 수 있겠는가?'라는 의문을 품었던 것 같다. 최종 평가 결과, 우리 회사가 그 사업을 수주했다.

이 사례에서 고객사의 핵심이슈는 시스템 구축사가 믿을 수 있는지에 관한 것이었다. 10여 년 전 여러 제품 중에서 네임밸류가 있다고 생각되는 외국 제품을 선택했지만, 결과적으로는 개발사가 도산해 버렸으니 이번에 새로 구축할 때는 그 회사를 믿을 수 있는지를 더 중점적으로 보았을 것이다. 제품의 안정성, 유지보수의 안정성, 구축사의 안정성에 더해 사업수행 방안에 대해 장단점을 정확하고 투명하게 제시함으로써 신뢰를 얻게 되었으니 이것이 가치제안이라 할 수 있겠다. 이 사업에서 우리 회사는 적정한 가격으로 사업을 수주하여 매출을 올리고, 고객사는 최신의 시스템으로 재구축할 수 있게 되었다.

1등 전략과 2등 전략[8]

업계 1등인 회사와 2등인 회사가 있다. 이 두 회사가 사업에서 경쟁을 한다면, 1등 회사가 100% 이길까? 2등 회사는 이길 수 있는 기회가 정말 없을까? 이 물음에 대한 답을 제안전략에서 찾아보자.

우선 1등인 회사는 모든 면에서 유리하다. 제품의 우수성, 레퍼런스, 시장 점유율, 기술력과 전문인력 등 경쟁사보다 우월한 위치에 있는 이 회사의 전략은 '골고루 잘' 쓰는 것이다. 제품이나 기술, 사업수행 방법론, 경험을 가진 전문가 투입, 심지어 보안 준수와 공정한 하도급에 이르기까지, 제안요청서에서 요구한 모든 것을 충족하거나 더 나은 방안을 제시하면 된다. 그러면 1등 회사는 이번에도 1등으로 수주할 수 있을 것이다.

2등 회사는 1등과 똑같은 방법을 쓰면 안 된다. 만약 이 회사가 객관적으로 2등일 수밖에 없다는 것이 확실하다면, 이기기 위해 다른 전략을 세워야 한다. 일명 '뾰족한' 전략이다. 영화 〈주유소 습격사건〉에서 배우 유오성이 한 말마따나, "나는 한 놈만 패" 전략이라고 할 수 있다. 경쟁사보다 더 나은 것 한 가지, 혹은 경쟁사의 약점을 이용한 한 가지, 때로는 제안의 전체 목적에 부합하지 못하는 잘못된 요구 내용을 집요하게 파고드는 한 가지가 될 수도

---

8 출처: 쉬플리코리아(shipleywins.co.kr)

있다. 그 하나의 내용을 부각시킨 제안전략을 수립하는 것이다.

그중 경쟁사의 약점을 이용하는 전략을 일명 '네거티브 전략'이라고 볼 수 있다. 앞서 잠깐 소개한 중국산 부품 관련 사례를 다시 보면, 경쟁사의 약점을 부각시킬 때는 주의해야 할 것이 있다. '우리 회사는 국내에서 생산한 부품을 사용한다' 등의 대안도 함께 제시해야 한다는 것이다. 그냥 네거티브로 끝나서는 안 된다. 자칫 잘못하면 평가위원들에게 상대방 흠집내기라는 좋지 않은 인상을 주어 역효과를 낼 수도 있다. 어디까지나 팩트에 기반한 논리전개와 대안 제시가 기본이 되어야 한다.

이쯤 되면 의문 사항이 생긴다. 1등도, 2등도 아닌 애매한 상황이라면 어떻게 할까? 때로는 우리 회사나 경쟁사 모두 특별한 강점이나 약점이 없을 수도 있다. 이런 경우에는 별 도리가 없다. 1등 전략과 2등 전략을 통합적으로 사용해야 한다. 모든 부분을 '골고루 잘' 쓰되, 어떤 특정한 사안에 대해서는 '뾰족한' 전략을 수립하는 것이다. 이렇게 우리 회사의 수주 확률을 1%라도 더 올릴 수 있는 방법을 찾아야 한다.

전략 수립 원칙, 매직넘버 3

'매직넘버 3'는 세계적인 경영 컨설팅사인 맥킨지에서 어떤 경우든 3가지로 요약하여 문제를 해결해나갈 수 있다고 해서 유명해진 말이다. 동서양을 막론하고 3이라는 숫자는 각별한 의미를 가지는 것으로 인식된다.

서양에서는 그리스 신화에 등장하는 지옥의 파수꾼인 머리가 3개 달린 개 케르베로스^{Kerberos}나, 성부^{聖父} 성자^{聖子} 성령^{聖靈}의 삼위^{三位}로 존재하지만 동일한 본질을 공유하는 하나의 하느님이라는 기독교 교리의 핵심적인 개념인 성삼위일체를 들 수 있겠다. 우리나라에서는 '서당개 3년이면 풍월을 읊는다'라는 말이나, 무슨 승부든 꼭 '삼세판'을 해야만 직성이 풀리는 것까지 이 3이라는 숫자가 가지는 완결성은 우리 머릿속에 확고하게 자리잡고 있다.

이런 매직넘버 3의 원리를 제안전략 수립에도 활용할 수 있다. 이 3이라는 숫자를 제안전략 수립 현장에서 써먹을 수 있는 실전 팁을 2가지 공개하려고 한다.

첫 번째 매직넘버 3 전략은 '2W 1H' 이다. 흔히들 알고 있는 5W 1H, 즉 언제^{when}, 어디서^{where}, 누가^{who}, 무엇을^{what}, 어떻게^{how}, 왜^{why}의 육하 원칙 중 '누가, 무엇을, 어떻게' 3가지만 가져와서 쓰는 것

이다. 나머지 3개인 '언제, 어디서, 왜'에 해당하는 내용은 이미 제안요청서에 프로젝트 기간, 장소, 사업의 배경과 목표 항목에 잘 나와 있다.

우선 우리 회사가 이번 프로젝트를 어떻게 파악하고 정의하고 있는지를 'what'으로 나타냄으로써 사업에 대한 이해도를 보여준다. 'who'에서는 사업에 투입되는 인력들의 전문성과 우수성 등을 부각시킨다. 마지막으로 'how'에서 프로젝트를 성공적으로 완수할 수 있는 방안을 보여준다.

키워드	콘텐츠	예시
What	무엇을 할 것인가?	본 사업에 대한 이해를 바탕으로 최적의 구축
Who	누가 할 것인가?	유사 사업 경험에 따른 knowledge 적용
How	어떻게 할 것인가?	검증된 최신 기술과 개발 방법론 활용

자료 15 제안전략 수립 방안 1

모 지방자치단체 사업에 제안할 때 이 2W 1H에 따라 전략을 수립했다. 전국 17개 광역자치단체를 통틀어서 지자체 단위로는 처음 시도되는 사업이었고, 유사한 국가 시스템과 차별화되고 해당 지자체의 특성을 반영하는 한편, 상당한 규모의 시스템을 구축하면서 혁신적인 기술을 적용해야 하는 복합적인 사업이었다. 기존과는 완전히 다른 사업 내용이었기에, 소수의 관련 분야 전문가를 제외하면 웬만한 평가위원들도 사업 전체를 이해하기 어려울 것 같았다. 따라서 우리 제안팀은 핵심 전략을 '누가, 무엇을, 어떻게'라는 2W 1H로 최대한 간단명료하게 표현했다. 이렇게 함으로써 다른 누구도 아닌 우리 회사가 바로 이 사업에 적임자임을 증명해 보였다. 결과는 우리가 수주에 성공했다. 참고로 2위를 한 경쟁사는 가격 점수에서 만점을 받았는데도 우리가 총점 10점 이상을 앞선 엄청난 점수차였다.

[What] 무엇을 할 것인가?
- 표준을 기반으로 규격 및 절차 개선, 시민과 함께 만드는 ○○○ 구현

[Who] 누가 할 것인가?
- 실질적인 관련 전문가 협업으로 차별화된 의사소통, 고객사에 최적화된 전문가 중심의 조직 구성

[How] 어떻게 할 것인가?
- 프로세스 기반의 시스템 아키텍처 적용, 검증된 오픈소스 활용으로 시스템 개방성 확보

두 번째 매직넘버 3 전략은 사업 진행 단계별로 고객이 알고 싶어하는 관점 위주로 개발한 제안전략이다. 사업 수행 전에는 '고객이 어떤 것을 고민할까', 사업 수행 중에는 '고객은 어떤 것에 가장 신경을 쓸까', 사업이 끝난 후에는 '사업 마무리 이후 어떤 것을

기대할까'를 고민하면 답이 나온다. 고객사에서 사업을 준비하는 단계에서는 제품은 좋은지, 제안사가 정말 믿을 수 있는지, 재무상태나 업계 평판은 괜찮은지 등을 고민하고, 사업 진행 도중에는 계획한 대로 사업이 잘 끝날 수 있는지, 사업의 결과물은 품질이 좋을지 등에 신경을 쓸 것이다. 사업이 마무리되고 난 후에는 지속적인 사후관리와 지원을 받는 것을 기대할 것이다.

키워드	콘텐츠	예시
제품 관점	검증된 기술력	검증된 전문 솔루션과 기술력으로 최적의 구축
수행 관점	경험 및 노하우	축적된 구축 경험 및 다양한 사업 노하우 활용
지원 관점	향후 안정적인 지원체계	지속적인 제품 라이프 사이클 관리를 통한 서비스 제공

자료 16 제안전략 수립 방안 2

사업 진행 단계별 전략 수립의 실제 사례를 들어보겠다. 한 공공기관에서 A시스템과 B시스템을 동시에 구축하는 사업을 진행했다. A시스템에서 만들어진 문서가 B시스템에 저장·보관되는 프로세스였다. 그런데 당시 A시스템과 B시스템 모두를 위한 제품을 개발하고 구축할 수 있는 업체가 거의 없을뿐더러, 두 시스템을 구축하기 위한 기술력과 전문 경험인력을 모두 보유하고 있는 경우도 드물었다. 이에 따라 경쟁사들은 컨소시엄을 구성하거나 하도급 업체를 참여시키는 형태의 사업 수행 계획을 세웠다. 그러나 우리 회사는 마침 2개의 제품을 모두 구축할 수 있고, 관련 전문가를 보유하고 있으며, 지원 또한 가능했다.

우리는 고객사가 제품이나 프로젝트 수행의 관점에서, 또 사업 완료 후 지원 관점에서 두 업체와 소통해야 하는 번거로움을 피하고 싶어 하지 않을까 판단했다. 또한 우리 회사가 기술력이 있으므로 시스템의 완성도 또한 기대할 수 있다는 점을 강조했다. 제안 결과, 어찌 보면 당연하지만 우리 회사가 수주에 성공했다.

> [제품 관점] **한 회사가 모두 책임지는 제품 구성**
> - 동일 제조사 패키지 도입을 통한 시너지 창출
>
> [수행 관점] **전문 인력 투입**
> - 각 분야별 노하우를 보유한 전문 인력의 투입, 내외부 자문위원 적극 활용
>
> [지원 관점] **전사적 지원**
> - 지속적인 제품 관리 및 체계적인 유지보수 지원

앞선 2가지 매직넘버 3 외 또 다른 실전팁을 공개한다. 바로 MECE^{Mutually Exclusive, Collectively Exhaustive}이다. 이 또한 맥킨지에서 사용하여 유명해진 개념으로, 읽을 때는 '미씨'라고 읽는다. '서로 중복되지 않고 상호배타적일 것, 찾아낸 것들을 다 합치면 문제점 전체가 커버될 것'이라는 뜻이다. 문제해결을 위한 논리적 사고방

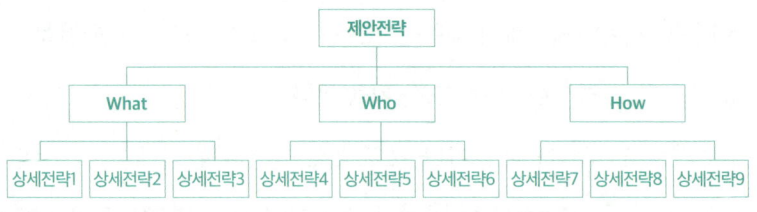

자료 17 제안전략 수립 상세 방안

식으로도 많이 쓰이고 있다. 이 MECE를 제안전략 수립에 어떻게 활용할 수 있을까? 앞서 예로 든 2W 1H와 결합하면 다음과 같이 표현할 수 있다.

MECE와 2W 1H가 결합한 전략 수립 방식을 알아보기 위해 가상의 사업 제안서를 작성해보자. 모 공공기관의 모바일 업무 시스템 구축을 위한 제안전략이다.

모바일 업무 시스템 구축을 위해 필요한 세부 전략은 서로 겹치지 않고, 이 9가지를 모두 합치면 문제점 전체를 해결할 수 있다. 이런 방식으로 제안전략의 구도를 2W 1H로 정리하면 명료하고 강력하게 전달할 수 있다. 이러한 피라미드 구조는 제안전략 수립에도 마찬가지로 적용될 수 있다. 3가지 영역으로 구분되는 상세전략 9가지를 모두 합치면 고객의 요구사항 모두를 충족시킬 수 있고, 각각의 상세전략은 서로 겹치거나 중언부언하지 않도록 만드는 것이다.

> [What] (1) 지금까지 기관 내부망에서만 사용하던 업무 시스템을 언제 어디서나 사용할 수 있도록 모바일 서비스를 개발한다. (2) 이를 위해 다른 공공기관에서 진행한 레퍼런스를 많이 가지고 있는 솔루션으로 구축한다. (3) 모바일 기기의 분실과 해킹 위험에 대비하기 위해 보안 체계를 철저히 세우며, 최종 구축된 모바일 업무 시스템에 대한 국정원 인증을 받기 위해 관련 내용을 지원한다.
>
> [Who] (1) 모바일 업무 시스템과 보안 체계 구축 전문 기업이 협업을 통해 수행한다. (2) 유사 사업 경험이 많은 PM과 전문 인력을 투입한다. (3) 고객 요구사항 충족과 품질보증을 위해 제안사의 R&D 조직과 품질 전문 조직이 전폭적으로 지원한다.
>
> [How] (1) 여러 사업에서 검증된 사업수행 방법론을 적용해 성공적으로 사업을 관리한다. (2) 사업 공고가 늦어져서 긴급공고가 된 만큼, ○개월 내에 기본 기능 위주로 1차 구축을 완료하는 등 단계별 오픈을 통해 시스템을 조기에 안정화시킨다. (3) 시스템 활용과 향후 유지보수를 위해 시스템 구축 시 고객사 인력을 참여시켜 체계적인 기술이전을 한다.

제안전략을 세우다 보면 꼭 3가지로 정리되지 않는 경우도 있다. 4가지가 될 수도 있고, 5가지가 될 수도 있다. 제안서나 발표자료를 작성하는 사람에 따라 안정적으로 보이는 4개의 박스 구조를 그리는 사람도 있고, 유독 홀수 개수의 전략을 선호하는 사람도 본 적 있다. 이는 크게 상관없다. 몇 가지가 되었든 제안에서 이기기 위한 전략을 잘 표현할 수 있으면 된다.

다만, 전략의 개수가 6개를 넘어 8개, 9개쯤 되면 문제가 있는 것이다. 평가위원들은 전략들을 읽다가 방향을 잃어버릴 것이고, 다 읽고 나면 "그래서 뭐지? 뭘 말하려고 하는 거야?"라고 할지도 모른다. 그러므로 반드시 기억하고 실천해보자. 매직넘버 3!

메시지는
단순하고 명확하게 정리하자

   경쟁에서 이기기 위한, 가치제안을 위한, 1등 전략과 2등 전략을 잘 활용한, 논리적으로 잘 정리한 3개의 제안전략은 결국 단어들의 결합인 '문장'으로 결실을 맺게 된다. 이 문장을 메시지라고 부른다면, 제안전략에는 반드시 핵심 메시지, 즉 키메시지^{key message}가 있어야 한다. 키메시지는 제안을 통해 고객에게 제공하고자 하는 가치를 표현한다. 직접적이고 실질적인 가치를 제공하는 전략, 경쟁사와 확연히 차별화되는 전략, 추가 제안으로 당당하게 강조할 수 있는 전략 등을 쉽고 단순한 문장으로 쓰면 된다.

   117쪽의 유지보수 부문 메시지를 예로 들어보자. 이 전략은 유지보수 조직과 체계, 범위 등을 골고루 언급하고 있고, 무엇보다 유지보수의 목적인 시스템 장애를 최소화하고 운영관리를 할 수 있는 방안에 대한 핵심 메시지를 포함하고 있다. 이 메시지 다음으로는 실제 어떻게 할 것인가에 대한 상세 내용이 나오겠지만,

평가위원은 '시스템 설치 단계부터 계획을 수립'하는 유지보수 방안에 대해 점수를 더 줄 수 있을 것이다.

> (제안사는) 유지보수를 위한 조직적, 기술적, 환경적 특성을 충분히 이해하고 이를 바탕으로 최적의 유지보수 지원 체계를 구축합니다. 유지보수의 대상은 제안사가 프로젝트 수행 시 구축한 응용 S/W와 납품한 제품이며 구축시스템의 장애를 최소화하고 운영관리를 원활히 할 수 있도록 시스템 설치단계부터 계획을 수립합니다.

가끔 제안 작업을 하다 보면, 예전에 만든 제안서와 전략 문구들을 다시 들여다보게 된다. 그 당시에는 정말 고민을 많이 하고 최선을 다해 만든 문구들이라고 생각했지만, 시간이 흐른 뒤 다시 보면 '좀 더 잘 만들 수 있었는데…' 하는 생각이 들곤 한다. 마치 20년 전 빛 바랜 사진 속 내 모습이 흑역사처럼 보이는 것과 비슷하다. 그때는 나름대로 유행하는 아이템으로 풀 장착하고 멋부리면서 찍은 사진이었을 텐데 말이다.

'현행 시스템의 구축과 유지보수 업무 수행을 통한 완벽한 업무 이해'라는 문구를 살펴보자. 말하고자 하는 것은 고객사가 현재 사용하고 있는 시스템이 우리 회사가 몇 년 전에 구축한 시스템이며, 지금까지 유지보수 업무도 잘 수행하고 있고, 그 경험을 통해 고객사의 업무를 잘 이해하고 있다는 것이다. 그러나 이 문장은 왠지 어색할 뿐만 아니라 무엇을 얘기하려고 하는지가 바로 와닿지 않는다. '현 시스템 구축 경험을 바탕으로 한 완벽한 업무 이해'로 더 단순하게 정리하는 것이 나아 보인다.

그런데 이렇게 수정한다 해도 제안전략 문구로는 적당하지 않다. '고객사의 업무를 완벽히 이해했다'는 것만 얘기하면 평가위원들은 '그래서 뭐?'라는 의문만 떠올릴 것이다. 이 경우 '완벽한 현행 업무 이해를 기반으로 한 최적의 시스템 구축'이 최종적인 키메시지가 될 수 있다.

이렇게 메시지를 작성할 때는 반드시 명심해야 할 원칙이 있는데, 바로 '아이메시지 I message'가 아닌 '유메시지 you message'를 써야 한다는 것이다. 제안서에서 말하는 유메시지는 고객사의 관점을 고려한 메시지를 말한다. 만약 제안서에 "우리 회사는 특허를 수십 개나 보유하고 있는 기술력 있는 회사입니다"라고 표현하고 이에만 집중하면 어떻게 될까? 우리 회사를 중심에 놓고(아이메시지) 자랑만 하다가 정작 핵심은 놓쳐 버리게 될 것이다. 제안서에는 고객사의 상황과 입장을 염두에 두고, "우리 회사의 ○○특허와 전문 기술력을 활용하여, 고객사에 특화된 시스템과 서비스를 구축합니다"와 같이 표현해야 한다. 잊지 말자! 우리 회사의 장점을 무작정 늘어놓는 것보다는 고객사가 얻을 수 있는 이익을 중심으로 생각하고 키메시지를 만들어야 한다.

 이런 유메시지는 보통 기대효과를 기술할 때 가장 잘 나타난다. 예를 들면 아래와 같은 문장이다.

> 정확한 문서정보를 즉각적으로 확인할 수 있어, 고객사 및 고객사에서 추진하는 사업에 대한 이해와 친밀감 형성에 도움이 됩니다. 잦은 직제 개편으로 이관되지 못한 문서의 이관을 통해 기존 생산 문서의 신뢰성을 제고하고 업무수행에 활용합니다.

제5장

제안서 작성 실무: 부문별 작성 가이드

| 작성, 리뷰, 수정을 반복하며 완성해보자 |

부문별로 나눠
하나씩 작성해보기

표준제안서를 만들고 활용하자

표준제안서는 매번 다른 내용으로 작성해야 하는 SI성 사업에서는 많이 사용되지는 않는다. SI 사업 제안서는 고객사에 대한 이해와 분석뿐 아니라 제시해야 하는 기술 기반, 구조, 사업 내용, 참여 인력까지 거의 모든 것이 바뀌게 되는 경우가 많아 표준제안서를 별도로 관리하는 것이 큰 의미가 없을 수 있다.

표준제안서는 특정 제품을 기반으로 사업을 하는 경우에 아주 유용하게 쓰인다. 이미 제품 형태의 솔루션을 기반으로 사업을 하는 경우, 특히 업계 경력이 어느 정도 오래 되었다면 표준제안서를 만들어 관리하고 있을 것이다. 솔루션 기반의 커스터마이징을 기본으로 하는 기업의 표준제안서는 앞서 SI성 사업에서와 달리 제품의 기능, 특장점, 경쟁 제품과의 비교우위, 더 나아가 전략으로 연결할 수 있는 부분까지 모두 포함하고 있다.

예를 들어, A회사는 근태관리시스템 구축을 위한 솔루션을 개발하여 영업을 하고 있다. A사는 근태관리 솔루션에 대한 고객사의 정보 요청이나 제안 작업에 대비해 표준제안서를 만들었다. 이를 이용해 근태관리 솔루션이 왜 필요한지, 우리 회사의 솔루션은 어떤 특장점이 있는지, 고객사는 어떤 이익을 얻을 수 있는지 등을 설명한다. 물론 출퇴근 관리, 근무 스케줄 관리, 휴가신청, 임직원 정보 관리 등 기능에 대한 간략한 설명도 포함된다. 기존 고객사에 구축된 개별 사례를 성공 레퍼런스로 소개할 수도 있다.

이런 표준제안서를 미리 만들어놓고 활용하면 여러 가지 장점이 있다. 먼저 매번 새로 제안서를 만들어야 하는 부담감을 어느 정도 덜 수 있다. 특히 회사 소개, 품질관리, 사업관리 및 지원 부문 등에 대한 내용은 상당 부분 재사용이 가능하므로 잘 정리되어 있기만 하면 한결 수월하게 작업할 수 있다. 또한 초보자도 비교적 쉽게 제안서 작성을 할 수 있는 기반이 된다. 사전영업이 잘되어 있다면, 고객 요구사항 분석과 제안전략만 제대로 짜면 제안서

한 권을 금방 만들어낼 수도 있다. 무엇보다 제안요청서가 특정 시기에 한꺼번에 몰려서 공고되는 경우, 표준제안서는 여러 건의 제안서 작업을 진행할 수 있도록 해주는 '믿는 구석'이 될 수 있다.

표준제안서는 제품 소개 자료와 무엇이 다를까? 이 질문에 대한 답은 '경우에 따라 다르다'일 것이다. 특정 고객사를 염두에 두고 만든 제품 소개 자료는 제안서의 역할을 할 수 있을 것이고, 고객사를 염두에 두지 않고 만들었다면 표준제안서도 제품 소개 자료와 별로 다르지 않을 수 있다. 실제로 이 둘을 비슷한 개념으로 사용하고 있는 기업도 종종 있다. 다만 세로 형태의 제안서를 주로 작성하는 경우나, 단순한 제품 소개 자료보다 더 상세하고 경쟁사 대비 특화된 내용이 있다면 별도로 표준제안서를 만들고 관리하는 것을 권장하고 싶다.

표준제안서의 작성 팁 중 하나는 바로 제안서를 챕터별로 작성하는 것이다. 예를 들어, 회사 소개 챕터의 경우 공공 부문 제안서용과 일반 기업 부문 제안서용을 따로 만들어두면 좋다. 대부분 회사 소개 챕터에 유사 프로젝트 수행 사례를 작성하는데, 일반 기업 고객사에 공공 부문 수행 사례만 잔뜩 있는 것보다는 고객사의 도메인(전문 분야)에 맞는 사례가 포함되는 것이 훨씬 바람직하기 때문이다.

이렇게 대부분의 사업에서 비슷하게 작성되는 챕터를 미리 만들면 제안서를 쓸 때 소요되는 시간이 줄어든다. 대신 고객의 요구사항을 정확히 반영한 전략을 수립하고, 적절한 방안을 도출하는 데 더 많은 시간과 노력을 들일 수 있다. 이것이 최종적으로 사업 수주라는 결과를 얻는 데 도움이 될 것이다.

부문별 제안서 작성 실무

(1) 회사 소개 부문

'제안사 소개' 또는 '제안사 일반현황' 등의 제목으로 하나의 큰 목차를 차지하는 회사 소개 부문을 작성할 때 가장 중요한 것은 최신의 정확한 정보를 기술하는 것이다. 회사 소개 부문은 제안서마다 아주 약간의 양식 차이만 있을 뿐 거의 비슷한 내용으로 작성할 수 있다. 따라서 회사 소개 부문은 일단 잘 만들어놓으면 다른 제안 작업에서 다시 만들지 않아도 될 정도로 재사용이 가능하다. 그러니 적어도 한 번은 시간과 노력을 들여 만들어놓는 것이 좋다. 또 해가 바뀌면 연혁을 조금 추가하거나, 주요 사업실적이 추가되면 업데이트 하는 등 꾸준히 관리하는 것도 필요하다.

회사 소개는 주로 회사명, 대표자명, 사업분야, 주소 등을 기재하는 일반현황을 비롯해 주요 연혁, 최근 3년간의 자본금 및 매출액, 회사 조직도, 주요 사업 내용, 주요 사업실적 등으로 이루어져 있다. 회사 일반현황, 주요 연혁과 주요 사업실적은 대부분 제안요청서에서 요구하는 일정한 양식대로 작성하면 되므로 큰 문제는 없다. 주의할 점은 연혁 부분이다. 연혁은 대부분 연도별로 기술하는데, 2~3년 전의 정보에서 멈춰 있는 것은 평가위원들에게 좋은 인상을 주지 못한다. 연혁은 되도록 최신 내용까지 기술해야 한다.

```
2021년   A사, B사 등 다수 ○○ 구축 사업 수주
2020년   여성가족부 가족친화기업 인증
2019년   ○○ 솔루션 클라우드 버전 출시
2018년   한국거래소(KRX) 코스닥(KOSDAQ) 상장
2017년   ○○ 솔루션 모바일 버전 출시
           ...
2005년   이노비즈 기업 선정
           C사, D사, E사 솔루션 납품
2004년   전사 ISO 품질인증 획득
           ...
1991년   제안사 부설 연구소(R&D센터) 설립, ○○ 솔루션 개발
1990년   제안사 설립
```

자료 18 연혁구성 예시

자본금 및 매출액 혹은 재무현황을 작성할 때는 단위가 1원인지, 1000원인지, 100만 원인지 확인하고, 재무제표에 있는 숫자로 정확하게 작성해야 한다. 만약 이것이 어렵다면 회사 재무팀의 도움을 받는 게 좋다. 재무팀과 얘기를 해보면 자본금과 총자산, 자기자본이 각각 다르다는 것을 알게 될 것이다.

사업실적 부분에서는 정확한 사업명, 기간, 고객사 및 사업매출 금액을 작성해야 하는데, VAT(부가가치세)를 포함한 금액인지 여부와 단위를 반드시 확인해야 한다. 50,000천 원(5천만 원)으로 써야 하는 것을 50,000백만 원(5백억 원)으로 잘못 쓰면 매우 곤란해진다. 그런 실수가 과연 있겠냐고 고개를 갸웃할 수도 있겠지만, 실제로 그런 사례를 겪어보고 하는 말이다. 그나마 다행이었던 것은 인쇄되어 온 제안서를 최종적으로 검토하다가 실수를 발견했다는 것이다. 어떻게 조치했을까? 스티커 용지에 수정한 내용을 프린트한 다음, 가위로 오려서 10부나 되는 제안서를 놓고 해당 부분에 곱게 붙여 제출했다.

이외에도 회사 소개 부문에는 사업에 도움이 될 만한 수상경력을 <u>추가로 작성한다</u>. ISO 인증이나 대통령상 수상 등이 대표적인 예인데, 주로 인증서나 표창장을 스캔받은 이미지 파일과 함께 인증(표창)명, 날짜 등으로 구성하면 된다.

(2) 제안 개요 부문

제안 개요는 말 그대로 제안서의 전체적인 내용을 추려서 요약하는 동시에 제안에서 가장 중요한 전략을 나타내는 부문이다. 제안요청서에서 요구하는 목차에서 사업의 이해 부분과 전략 부문이 나뉘어 있을 수 있지만, 여기서는 이 2가지를 모두 제안 개요로 다루려고 한다.

제안 개요 부문이 제안서의 다른 부문과 다른 점은 재사용이 거의 불가능하다는 것이다. 내용을 구성하기 위한 도형이나 전개 방식 등 템플릿은 떼어 쓸 수 있겠지만, 내용은 고객사마다, 매 사업마다 완전히 다르게 채워지기 때문이다. 표준제안서를 만드는 작업에서도 제안 개요는 완전히 제외된다. 이 부문만큼은 모든 제안 작업에서 새로 만들어야 한다.

한창 제안서 작업을 많이 할 시기에 이런 질문을 받았다. "하루에 (제안서) 몇 장 써?" 제안서 작업을 해본 사람이라면 알겠지만, 사업마다 다르고 사람마다 다르다. 심지어 하나의 제안서를 쓸 때조차 다르다. 기존에 표준제안서가 만들어져 있는 부분은 하루에 몇십 장이라도 쓸 수 있지만, 제안 개요 부문은 며칠을 고민하고도 단 1장도 완성하지 못할 수 있다. 제안 개요 부문을 하루에 1장 완성할 수 있다면 정말 놀라운 수준이라고 말하고 싶다. 사업에 대한 이해와 전략을 보여줘야 하는 제안 개요 부문은 그만큼 중요한 챕터다.

제안 개요에는 사업의 배경, 목적, 제안의 범위, 전제조건, 제안의 특징 및 장점, 기대효과와 함께 추진전략을 기술한다. 사업의 배경, 목적, 제안의 범위는 대부분 제안요청서에 기술되어 있는 내용을 바탕으로 시작한다. 공공사업의 제안요청서에는 사업의 배경이나 목적에 대해 비교적 상세하게 설명되어 있지만, 그렇지 못한 경우도 있다. 이때는 사전영업을 통해 얻은 정보를 잘 활용해야 한다.

제안 개요 부문으로 작성하는 내용은 제안발표자료에도 거의 그대로 활용하게 되므로, 이를 감안하여 작성하는 것이 좋다. 특히 전략 부분은 더욱 그렇다. 나같은 경우는 사업의 배경, 목적, 제안의 범위 등은 제안서 위주로 작성하다가, 전략 부분에서는 거꾸로 제안발표자료를 먼저 작성하곤 한다. 그리고 다시 제안서로 돌아와 전략 부분을 완성하는 것이다. 제안전략은 프레젠테이션을 염두에 두고 작성하는 것이 훨씬 효과적이고 합리적이기 때문이다.

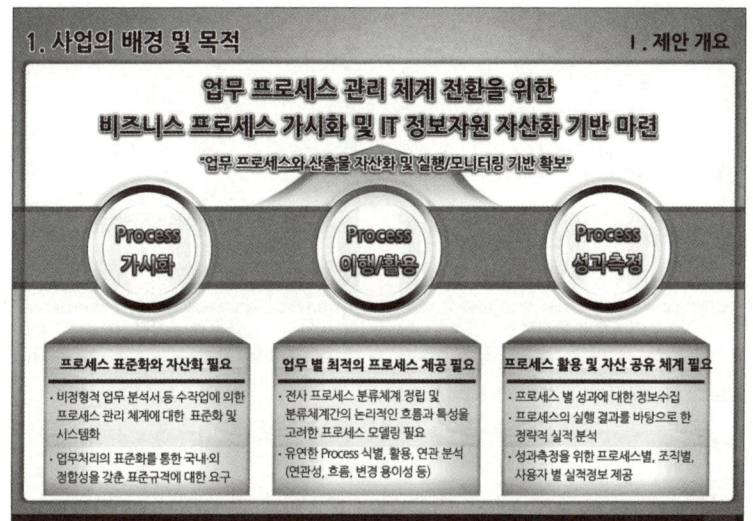

자료 19 제안 개요 발표자료 예시

(3) 기술 부문

기존의 제품을 기반으로 하여 고객사의 요구사항에 맞게 커스터마이징하는 형태의 사업에서는 표준제안서를 잘 활용하면 제안서의 기술 부문을 비교적 수월하게 작업할 수 있다. 상세 요구사항별로 이미 제품에서 구현되어 있는 기능은 표준제안서대로 쓰고, 그 외 커스터마이징 해야 하는 기능은 어떻게 할 것인지를 각각 기술하면 된다. 제안서는 흔히 사용되는 몇 가지 포맷이 있는데 그중 대표적으로 4박스와 3박스 구조가 있다.

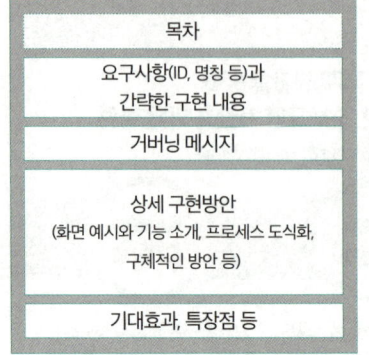 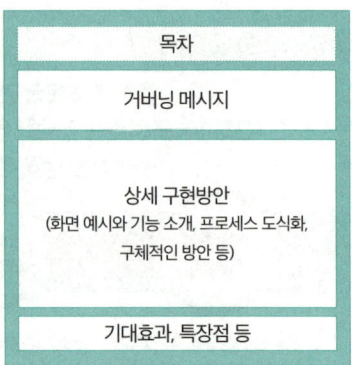

자료 20 제안서 작성의 기본 4박스 & 3박스 구조

    목차를 제외하고 구현 내용이나 거버닝 메시지governing message, 구현 방안, 기대효과 등 4개 혹은 3개의 단락으로 구성될 수 있어서 4박스와 3박스 구조로 부른다. 세로 형태의 제안서를 예로 들었지만 가로 제안서에서도 거의 마찬가지로 적용된다. 아주 간략한 형태로 기술 부문 제안서를 쓰는 경우 거버닝 메시지와 내용(구현 방안)으로 구성한다.

    거버닝 메시지는 직역하면 '(이 페이지 전체를) 지배하는 메시지' 정도가 될 것이다. 해당 페이지에서 풀어나갈 제안 내용의 전체 요약 또는 핵심 포인트를 기준으로 작성한다. 비단 기술 부문만이 아니라 전략 페이지같이 특별한 구성이 아니라면 제안서 전체에서 거버닝 메시지를 작성하게 된다. 거버닝 메시지를 만들 때 주의해야 할 점은 페이지 전체의 내용을 요약하거나 강조하고 싶은 부분을 메시지로 만들되 최대 3줄을 초과하지 않도록 하며, 명확하고 단순한 문장으로 만들어야 한다는 것이다. 가끔 거버닝 메시지의 3줄이 통틀어 한 문장으로 이루어져 있는 경우를 본다.

예를 들어, 어떤 제품의 사양과 기능을 소개하는 페이지의 거버닝 메시지가 "○○○은 장비 도입의 장점과 소프트웨어적 장점을 취합하여 안정적인 시스템 성능과 정교한 차단 성능을 효과적으로 확보하고, 주민번호 DB 전수검사 제공 및 웹 방식의 개인정보 상시 진단 시스템과 PDF 변환파일 필터링 구축경험을 통한 로컬 방식 주민번호 상시진단 시스템을 구축하여 안전하고 건전한 홈페이지 운영을 위한 서비스를 제공합니다"라고 해보자. 당연히 별로 좋지 않은 시도다. 이렇게 문장이 길면 앞부분과 뒷부분의 주어-서술어 관계가 틀어지거나 문맥이 맞지 않는 경우가 생긴다. 예시로 든 문장에서 ○○○은 제품명이었는데, 문장은 '제공합니다'로 끝나고 있다. 문장 중간의 쉼표 다음에 나오는 '구축'과 '제공'의 주체는 '제안사'인 것이 더 자연스럽다. 많은 내용을 담고 싶은 욕심 때문에 이처럼 문장이 길어지는 경우가 많은데, 욕심을 덜어내고 진짜 핵심만 기술하거나 문장을 2개로 나누는 것이 낫다.

> (1) 제안사 제품은 HTML5 웹 표준 기술 준수로 크로스 브라우징cross browsing을 지원하며, GS인증을 획득했습니다. 간편한 포털 관리 및 사용자 개인화 기능을 통해 가벼우면서도 뛰어난 성능을 발휘하는 솔루션입니다.
>
> (2) 본 사업의 목표에 부합하도록 제안사 개발방법론을 테일러링하여 적용하며, 이를 통해 제품 커스터마이징 및 개발 산출물, 프로젝트 관리 측면에서 최적화된 결과물을 제공하겠습니다.

자료 21 거버닝 메시지 예시

거버닝 메시지를 잘 쓰려면? 일단 쓰고 나서 소리 내어 읽어보자. 눈앞에 평가위원이 있다고 생각하고 읽어보면 말이 안 되는 문장이 확실히 눈에 보일 것이다. 혹은 메시지에서 말하고 싶은 포인트가 흐려져 있는 것도 알아챌 수 있다. 그러면 되도록 문장을 짧게 만들고 더 쉬운 단어를 사용하는 것이 좋다는 것도 덤으로 알 수 있게 된다. 소위 '있어 보이려고' 쓰는 어려운 용어나 말투는 실은 별로 어필이 안 된다는 것을 명심하자.

상세 구현방안은 스토리보드(목차)에서 정해놓은 대로 그 페이지에서 다뤄야 할 상세 제안 내용이다. 해당 목차의 첫 페이지인 경우에는 다음에 나올 구현방안들의 전체 줄거리를 작성한다. 기대효과나 특장점은 특별히 강조하고 싶은 내용, 고객이 얻을 수 있는 이익을 위주로 작성한다. 구현방안 전체를 읽지 않아도 기대효과나 특장점만으로 이 페이지에서 주장하려는 것을 확실히 보여줄 수 있게 하는 것이 목적이다.

우리나라 제안서의 특징 중 하나가 표와 클립아트 등 그래픽적인 요소가 많다는 것이다. 아무리 상세하고 친절하게 기술하더라도, 단 하나의 다이어그램으로 시각화하는 편이 훨씬 더 많은 것을 설명할 수 있다는 건 확실하다. 그러나 보여지는 비주얼에만 너무 치우치지는 않아야 한다. 어디까지나 그래픽 요소들은 제안 내용을 효과적으로 전달하기 위한 보조적인 수단일 뿐이다. 페이

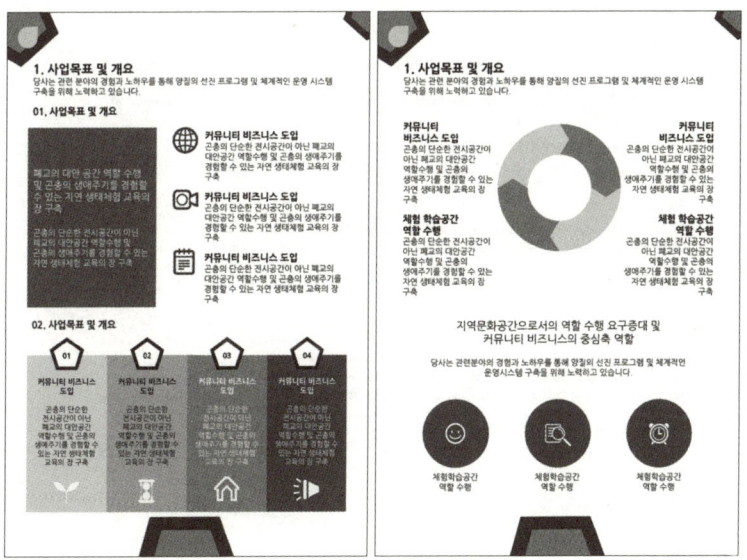

자료 22 세로 제안서 샘플

AMWA Project Title

Executive Summary

Executive summary text goes here. Explain in business terms what the purpose of this project is in a concise summary which is meant to be read by senior business executives. Length should be about two paragraphs, but this will depend upon the project. Be sure to list the desired outcome and business benefit.

Project objectives

Project objectives go here. These should be specific objectives which are measurable, obtainable, and which can be accurately described:

- Objective 1 text
- Objective 2 text
- Objective 3 text

Business context

This section describes the industrial sectors that this project is targeted towards and the people who will be working on this project.

Industry Sector

This project is primarily intended to benefit the following industrial sector(s) [the following are examples – please use your own]:

- Professional media organizations who need to keep copies of content for long periods of time (ten years or more)
- Developers who create archives and other long-term storage products
- Software developers writing applications which exploit archived material

People

Please identify the types of people who will be required to perform this work – if you need software developers, please say so. If you expect people with hardware expertise to be required, likewise, please mention them. If you need end-users to participate, please identify what sort of end-user participation is required, and whether you need users with technical expertise, business expertise, or some other skill set.

Deliverables

This should be a very specific list of deliverables which will be produced as a result of the successful completion of the project. Failing to produce these deliverables would signal an unsuccessful project. If the project is anticipated to take a long period of time, or if the exact list of deliverables cannot be determined at this time, please list the deliverables that are expected through the first set of SCRUM Sprints. Large projects may be broken up into multiple phases, with the level of specificity becoming less granular in later phases.

자료 23 해외 제안서 샘플

지 전체를 화려한 색깔과 그래픽 요소들로만 구성하기보다는, 어떤 내용을 보여줄 것인지에 먼저 집중할 필요가 있다. 비단 기술 부문만이 아니라 제안서 전체에 해당되는 사항이기도 하다.

(4) 사업관리 부문

실제 사업을 수행할 때 어떻게 관리할 것인지를 제시하는 부문이다. 고객사에게 제안사가 프로젝트를 안정적으로 수행할 수 있다는 믿음을 주는 내용으로 작성하는 것이 기본이다. 주로 사업관리 방법론을 중심으로 기술하는 경향이 많다.

과거 삼성SDS 등 대형 기업들은 제대로 갖춰진, 그럴싸한 이름이 있는 사업관리 방법론을 가지고 있었으므로 이 부분에서 확실히 점수를 챙겨갈 수 있었다. 하지만 요즘은 '그럴싸한 이름을 가진 방법론' 하나 가지고 있지 않은 기업이 없을 정도로 사업관리 방법론이 전체적으로 보편화되었다.

대표적인 사업관리 방법론으로는 삼성SDS의 이노베이터INNOVATOR 방법론, 협업 솔루션 전문 회사인 핸디소프트의 HANDY*MATE Methodology Accompanied with Technology Enhancement 방법론을 들 수 있다. 또한 이런 IT 기업들 외에 지자체 등 공공기관에서 사용하는 방법론도 있는데, 서울시프로젝트관리방법론이 그중 하나다. 요즘은 기존의 사업관리 방법론 외에 애자일Agile 방법론이 큰 주목을 받고 있는 중이다.

참고삼아 INNOVATOR 사업관리 방법론을 아래에 자료로 소개한다. 사업관리에 필요한 단계와 세부 활동들을 정의하고 각각을 수행할 수 있는 도구 및 조직, R&R, 산출물 등이 포함되어 있다.

그렇다면 경쟁사에 비해 점수를 더 받을 수 있는 방법은 무엇일까? 프로젝트 진행 단계별로 세분화되어 있는 방법론과 관련 산출물에 대해 소개해, 단순히 이름뿐인 방법론이 아니라 실제적으로 효과가 있다는 것을 보여주면 된다. 나아가 해당 방법론을 사

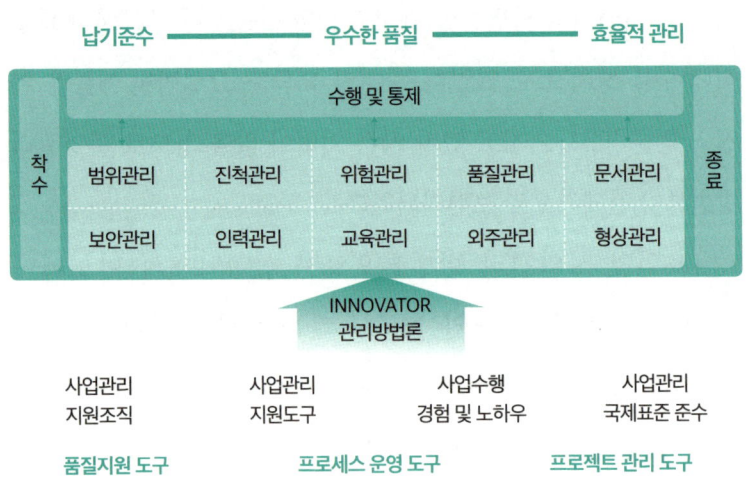

자료 24 INNOVATOR 사업관리 방법론

용하여 사업을 성공적으로 이끈 사례를 들어 소개하면 더 좋다.

고객사가 사업이 잘 수행될 수 있을지 여부를 미리 파악할 수 있는 또 다른 잣대는 일정계획과 투입인력이다. 일정계획을 세우는 것은 물론 프로젝트를 직접 수행할 PM의 역할이지만, 제안을 할 때는 필요에 따라 일정계획 자체가 전략의 일부분이 될 수도 있으므로 제안 PM과 수행 PM 간 협업을 진행하게 된다. 전체 기간을 단계별로 나누어 시스템 오픈을 한다거나, 몇 개월 앞당겨 개발을 끝내고 안정화 기간을 더 길게 잡는다거나 하는 것들이 일정계획과 관련된 중요한 포인트가 될 수 있다.

투입인력은 해당 사업에 참여하는 인력을 말한다. '투입인력'이라는 단어는 인력, 즉 사람을 물질자원과 동일하게 취급하는 것 같은 느낌 때문에 '참여인력'이라고 고쳐 부르고 있는 추세이다. 입찰에 응한 대부분의 제안사들은 참여인력 부분에 '전문인력을 참여시킨다'라고 쓰곤 한다. 그런데 모든 제안사가 '전문인력이 참여한다'고 주장한다면, 고객사 혹은 평가위원들은 무엇을 보고 진정한 전문인력임을 판별할까? 해당 인력의 학력, 경력, 자격증이나 관련 기관으로부터 인정받은 기술등급 같은 증거밖에 없다. 제안요청서에 이미 참여인력의 학력이나 경력 증명 등을 요구하고 있으니 그에 따라 정확하게 제시하면 된다.

참여인력과 관련한 포인트 2가지를 든다면, 하나는 '미리 준비할 것', 다른 하나는 '사실에 근거할 것'이다. 미리 준비한다는 것은 인력의 경력 관리에 대한 것이다. 당연히 해당 인력이 개인적으로 자기의 커리어를 제대로 관리해야겠지만 회사 또한 그 커리어를 입증할 수 있는 증빙을 관리하는 데 별도의 노력을 해야 한다는 것이다. 당장 내일모레가 제안 마감인데 어떤 인력의 10년치 경력을 증빙할 수 있는 서류를 뚝딱 만들어낼 수는 없다.

또한 사실에 근거한다는 것은 제안서에 참여인력의 이력을 쓸 때 증빙이 어렵다고 해서 허위로 기재하면 안 된다는 것이다. 참여인력의 전문성을 좀 더 돋보이게 하려고 실제 하지 않은 사업을 했다고 하거나, 실제 수행했던 직책이나 역할과는 다른 내용으로 적는 경우가 가끔 있다. 당장 눈앞에 보이는 사업의 수주에는 이로울지 모르나 나중에 수행과정에서 들통난다면, 아니 들통나지 않더라도 이런 '경력 마사지'에 무감각해지는 행태는 결국은 독이 되어 돌아올 것이다.

(5) 사업지원 부문 및 기타

프로젝트 수행 중 혹은 수행 후에 제공하는 교육훈련과 유지보수 같은 지원에 대한 부문이다. 먼저 교육훈련은 구축한 시스템이나 서비스의 사용 방법, 운영 방법 등을 교육하는 내용으로 작성한다. 교육훈련 목적, 방안, 대상, 내용, 일정, 조직 등을 기술하는데, 고객사에 따라서는 전반적인 내용 말고 어떤 커리큘럼으로 교육을 할 것인지 실제 상세한 내용을 요구하기도 한다. 오프라인의 집합 교육 외에도 매뉴얼 배포, 동영상 교육, 온라인 교육 등 다양한 교육훈련 전략이 필요하다.

유지보수는 좀 더 정확하게는 무상 하자보수와 유상 유지관리로 구분된다. 소프트웨어의 경우는 1년간 무상 하자보수를 제공하고, 하드웨어의 경우 3년 동안 지원하는 것이 일반적이다. 이 기간 동안에도 무상으로 제공하는 분야와 유상으로 제공하는 분야가 다르므로 유지보수 부분에서 이를 명확히 해서 제안하는 것이 좋다.

그 외 제안서 목차에는 기술 지원, 품질, 테스트, 성능, 보안, 추가제안 등 여러 항목이 있는데, 특별히 추가제안을 눈여겨볼 필요가 있다. 고객사에 따라 특별제안이라고도 부르는데, 이 추가제안은 말 그대로 고객의 요구사항 외에 제안사가 추가로 제안할 수 있는 사항을 기술하는 것이다. 추가제안은 제안하는 내용과 관련이 있으면서 고객의 입장에서 유용한 것을 제시하는 것이 정답이다.

때로는 제안요청서에 적혀 있지는 않지만 고객사에서 원하는 추가제안 사항이 있을 수도 있다. 그것을 알아내서 제공할 수만 있다면 이보다 더 좋은 길은 없을 것이다. 이런 추가제안은 사업전략의 하나로도 손색이 없다. 하지만 고객이 별로 필요로 하지 않는 추가제안은 하나 마나다. 비디오 게임 콘솔을 사는 사람에게 아이돌 브로마이드를 추가로 제안하는 경우를 생각해보자. 고객이 그 아이돌의 팬이라면 좋아하겠지만, 전혀 관심이 없는 사람이라면 도리어 마이너스 요인으로 작용할 수도 있다.

너무 많은 개수의 추가제안도 신중하게 고려해야 한다. 개수가 많다는 것은 그것들이 크게 쓸모가 없기 때문에 양으로 밀어붙이려 한다는 인상을 주기 쉽다. 제안전략과 사업 내용에 부합하면서 고객이 필요로 하는 것을 알아내서 적절하게 추가제안으로 제시하자.

리뷰는 중요하다

책을 쓸 때 직접 글을 쓰는 일만큼 중요한 것이 퇴고하는 일이다. 제안서 작성도 마찬가지로 리뷰가 중요하다. 리뷰 과정이 없으면 제안서의 최종 품질을 보증하지 못한다고 생각하면 된다. 또한 리뷰 일정만 제대로 짜도 어느 단계에서 무엇을 점검할지 보일 만큼 제안서 작성 단계에서의 리뷰는 중요하다. 제안서 리뷰는 전체 제안 일정에 따라 적절한 횟수를 계획하면 되지만, 이 책에서는 초안 리뷰, 중간 리뷰, 최종 리뷰 이렇게 3단계로 설명하려고 한다.

(1) 초안 리뷰

제안서 작성 초기에 실시하는 초안 리뷰는 제일 먼저 하는 리뷰이자 어쩌면 가장 중요한 리뷰라고도 할 수 있다. 책을 쓸 때 초고도 마찬가지지만, 제안서 초안은 완성도가 높지 않다. 퇴고의 중요성을 강조한 것으로 잘 알려져 있는 소설가 어니스트 헤밍웨이는 "모든 초고는 쓰레기"라고 말했다. 제안서에서도 비슷하다. 이러한 상태에서 리뷰를 하는 것은 어떤 방향으로 제안서를 써나갈지를 제안 작성자들에게 상기시키고, 여러 사람이 쓰는 제안서에 일관성을 부여하기 위함이라고 할 수 있다. 전체적인 제안서 작성 방향을 제시하고, 제안서의 완성도를 담보하기 위한 작업이 초안 리뷰인 것이다. 제안 일정상 리뷰를 한 번밖에 하지 못하게 되는 경우에는 초안 리뷰가 곧 최종 리뷰가 될 것이다. 그러니 초안 리뷰를 가장 중요한 리뷰라고 생각할 수밖에 없다.

나는 종종 최대한 빠른 시일 내에 초안 리뷰를 하는 일정을 세운다. "너무 이르지 않아요?"라는 말을 들을 만큼. 그러면 이렇게 대답한다. "내용을 다 채우지 않아도 됩니다. 각 페이지에 어떤 내용을 쓸지 대략적인 계획만 있어도 됩니다"라고.

이렇게 초안 리뷰 일정을 일찍 잡는 이유는 2가지다. 하나는 그렇게 일정을 잡아야 할 일을 미루는 사람들과도 함께 일을 할 수 있어서다. 마감 일정을 앞당겨 잡아야 참여자들의 전체적인 작업 일정을 관리할 수 있는 여유가 생기는 것이다. 또 하나는 제안서 작업을 하는 개개인을 파악하기 위해서다. 파워포인트를 능숙하게 다루는 사람도 있지만, 그렇지 못한 사람도 있기 마련이다. 개인별 특성을 미리부터 알고 있어야 도움이 필요한지, 작성해야 할 제안서의 분량을 조절할지 등을 결정할 수 있다. 제안 PM이 반드시 알아야 하는 내용인 것이다.

초안 리뷰에서는 기존에 작성했던 제안서나 표준제안서를 기본으로 놓고 재구성 혹은 변형하여 리뷰를 할 수도 있고, 어떤 줄거리로 문서를 작성할지에 대한 스케치만 한 상태로 리뷰를 할 수도 있다. 뭐가 되었든 초안 리뷰 때는 무엇을 기준으로 할 것인지 미리 명확하게 공지하자. 그렇지 않으면 초안 리뷰 자리에서 서로가 쓴 내용을 보고 당황할 수도 있다.

초안 리뷰에서 반드시 해야 하는 일은 각 챕터별로 작성해야 할 것들이 빠지지 않고 구성되었는지 점검하는 것이다. 제안 일정 막바지에 가서 "이 부분, 누가 쓰기로 했었죠?"라는 질문에 아무도 대답이 없는 장면을 상상하면… 등골이 오싹해진다. 제안서의 전체적인 구성과 전략에 따라 각자 작성할 페이지의 양이 적절하게 배분되었는지 확인하고, 논리적으로 스토리가 잘 맞아들어갈 것인지 등도 점검하자.

(2) 중간 리뷰

제안서 전체 일정 중 중간 리뷰를 1회 이상 실시할 수 있다. 그중 가장 중요한 것은 전략에 대한 리뷰이다. 아무래도 초안 리뷰 때는 제안전략을 확인하기 어렵기 때문이다.

전략 리뷰 방법을 아래 사례를 통해 알아보자(실제 제안서에 작성했던 전략인 만큼 특정 고객사나 분야를 직접 유추할 수 없도록 구체적인 기술명은 비식별 처리를 했다). 제일 처음에는 전략의 방향을 what-who-how(무엇을-누가-어떻게) 3가지 테마로 만들자는 구상에서 시작했다. 영업대표 겸 수행 PM과의 전략 수립에 대한 회의를 한 끝에 who 테마에서 두 번째 전략의 줄거리를 다음과 같이 작성했다.

> ⟨1차 리뷰 시 전략⟩
>
> Who-유사 사업 수행 경험을 보유한 전문인력 투입
>
> 상세 전략:
> ① 고객사 프로젝트 및 유사 사업 수행 경험 인력 투입
> ② A, B, React, RestAPI 등 기술 전문가 및 컨설턴트 투입

물론 이대로도 어느 정도는 전략으로서의 모습을 갖췄다고 할 수 있지만, 1차 리뷰 후 PM의 의견은 '오픈소스 기반의 구축 수행 경험 인력 투입으로 수정하자', 'React와 RestAPI 기술에 관해서만 기술하자', '컨설턴트 투입은 세 번째 상세 전략으로 따로 빼자' 등이었다. 그렇게 나온 두 번째 버전의 전략은 아래와 같다.

> ⟨2차 리뷰 시 전략⟩
>
> Who-유사 사업 수행 경험을 보유한 전문인력 투입
>
> 상세 전략:
> ① 오픈소스 기반의 구축 수행 경험 인력 투입
> ② React, RestAPI 등 기술 전문가 투입
> ③ 결제/정산 관련 컨설턴트 투입

제안서 작성이 좀 더 진행되고 사업에 투입할 인력 구성도 마무리되어 가던 즈음 2차이자 마지막 리뷰를 했는데, 유사 사업 수행

경험을 가진 인력의 투입이 불투명해졌다고 했다. 이에 따라 '유사 사업 수행 경험 인력 투입' 대신 '유사 플랫폼 구축 경험'으로 표시하기로 했다. 또한 '전략 2의 문구도 전문인력 투입보다 우리가 가진 knowledge(경험과 기술, 노하우 등)를 강조하자', '컨설턴트의 전문성을 부각하자'라는 PM의 의견을 받아들여 다음과 같이 최종 전략이 결정되었다.

〈3차 리뷰 시 전략〉
Who-유사 사업 수행 경험에 따른 knowledge 적용

상세 전략:
① 오픈소스 기반의 C Platform 구축 수행 경험 반영
② React, RestAPI 등 기술 전문가 투입
③ 결제/정산 전문 컨설턴트 투입

이렇듯 제안전략은 사전영업이나 제안요청서 분석을 통해 제안서 작성 초기에 대강의 윤곽을 설계하고, 리뷰를 거듭하면서 계속 다듬어서 완성시키는 것이다. 제안 일정 후반부까지도 전략의 방향이 없거나, 처음 계획한 전략의 방향이 크게 바뀌면 작성하던 제안서의 상세 내용까지 변경해야 하는 사태가 발생한다. 이런 상황은 제안의 방향이 결정되지 않은 채로 제안서를 작성하고 있었

을 때 발생하며, 한마디로 '이 산이 아닌가벼?'가 되는 것이다. 1회의 리뷰로 제안전략의 세밀한 부분까지 개발할 수 없다 하더라도 큰 틀에서의 제안전략을 되도록 조기에 확정하고 진행해야 한다. 그래야 막바지에 제안전략이 흔들리면서 허둥지둥하는 사태를 막을 수 있다.

초안 리뷰는 되도록 제안팀 전체가 모여서 하는 반면, 중간 리뷰는 각 장별로 별도 일정으로 진행해도 된다. 이때는 해당 챕터의 작성자와 제안 PM, 수행 PM 정도가 함께 살펴보면 된다. 전략이나 추가제안 등 어느 부문이든 투찰금액과 관련된 부분이 있다면 영업대표가 함께 리뷰하는 것도 좋다. 기술 부문 리뷰 시 연구소 인력이 참석할 수도 있다. 이렇게 부문별로 나눠 리뷰를 진행할 때도 모든 리뷰에 참석해서 제안서의 전체 페이지를 검토하는 사람이 적어도 한 명 필요한데, 바로 제안 PM 혹은 제안 코디네이터가 이 역할을 한다.

제안 일정의 후반부로 갈수록 중간 리뷰에서 이루어지는 작업은 대개 수정 작업이다. 작게는 오탈자 체크부터 크게는 전략과 실행방안, 특장점 등이 제대로 잘 표현되었는지 확인한다. 세부전략의 문구를 수정하거나 기술 부문을 좀 더 상세하게 작성하는 등 여러 번의 리뷰를 거치면서 제안서 전체가 하나의 톤으로 정리

될 수 있도록 한다.

(3) 최종 리뷰

초안 리뷰와 몇 번의 중간 리뷰를 하고 나면 어느덧 제안 막바지가 된다. 제안팀의 긴장감과 예민도가 하늘 높이 올라가는 시점이다. 제안서를 쓰는 동안 수도 없이 보고 또 봤던 내용들은 이제 너무 익숙해져 버렸다. 그래서인지 계속 읽고, 쓰고, 수정했지만 아직도 남아 있는 오타가 작성자 본인에게는 절대 보이지 않는다. 그래서 최종 리뷰가 필요하다.

종이로 인쇄하든, 온라인으로 시스템에 업로드하든 일단 제출하면 되돌릴 수 없기 때문에 최종 리뷰는 매우 중요하다. 보통 최종 리뷰를 레드리뷰 red review 라고 부른다. 왜 하필 레드일까? GD(그래픽 디자인) 작업까지 마친 제안서 1부를 프린트해서 제안팀이 아닌 별도의 레드리뷰팀이 꼼꼼히 리뷰해서 수정해야 할 부분을 빨간 펜으로 표시해주는 것에서 나왔다고 보는 사람들도 있고, 구글이나 아마존 같은 글로벌 대기업들이 운영한다는 '레드팀 red team'처럼 같은 회사에서 모의 적군의 역할을 맡아 조직 내의 문제점이 무엇인지 객관적으로 살펴보는 팀의 역할과 상통한다고 보는 관점도 있다. 어찌됐든 레드리뷰는 제안 작성 마지막 단계의 리뷰인 만큼, '여기서 거르지 못하면 끝'이라는 인식을 가지고 진행해야 한다.

레드리뷰에서 하는 가장 기본적인 것은 오탈자 체크다. 단어우월효과WSE, Word Superiority Effect는 우리의 뇌가 단어를 철자보다는 의미로 인지하는 현상을 지칭하며, 이 때문에 우리는 철자가 틀린 단어를 사용해 문장을 배열해도 뜻을 이해할 수 있다. 글자 몇 개 정도는 틀려도 잘 읽고 이해할 수 있다는 말이지만, 그렇다고 해도 평가위원들이 제안서의 오탈자를 아무 문제없이 넘어가주겠지 하고 기대하면 안 된다. 경쟁사와 거의 비슷한 수준의 제안서라면 오탈자 없이 깔끔하고 읽기 쉬운 제안서가 더 나은 점수를 받을 수 있다는 것을 명심하자.

그밖에 최종 리뷰에서는 납품할 제품의 개수 같은 각종 숫자 부분이 정확한지, 혹시 엉뚱한 고객사 명이 들어가 있지는 않은지, 제안요청서에서 명시한 금지 사항을 위반하지는 않았는지 등을 확인하게 된다. 가끔 공공사업 중에는 흔히 '블라인드 제안'이라고 부르는 형태로 사업이 발주되기도 하는데, 이 경우 제안서와 제안발표자료에 제안하는 회사의 이름이나 로고 등 회사를 특정할 수 있는 어떤 정보도 쓸 수 없게 금지되어 있다. 이 금지 사항을 어기면 횟수당 벌점을 받고 제안에서 탈락할 수밖에 없다.

반면 최종 리뷰에서 하지 말아야 하는 것은 제안전략에 대한 전면적인 리뷰다. 이제 와서 수정할 수 없으니 전략에 대해 리뷰할 생각은 아예 접는 것이 좋다. 대신 전략 문구가 살짝 어색하다면 그 정도는 손을 봐도 무방하다.

이렇게 중요한 최종 리뷰 단계를 위한 시간을 확보하는 것은 중요한 포인트다. 제안서 작성 자체에 급급하여 충분한 리뷰 시간을 확보하지 못하면, 시간에 쫓겨 허둥지둥 하다가 제대로 된 리뷰를 하지 못할 가능성이 있다. 나와 같이 제안서를 쓰던 K씨는 마지막에 마지막까지 제안서를 수정하고 또 수정하는 스타일의 업무를 하는 사람이었다. 내가 보기에는 그만하면 된 것 같은데도 K씨는 계속해서 고민하고 수정하는 바람에 제안서 작업을 할 때마다 시간에 쫓겨 매우 힘들어 했던 기억이 있다.

제안서 작업을 할 때는 제안서 작성뿐 아니라 단계별 리뷰 및 최종 리뷰까지 소요되는 시간을 예상하여 일정을 관리해야 한다. 제안팀 개개인도 물론 챙겨야 하지만, 제안 PM의 진짜 중요한 업무가 바로 일정관리인 것이다.

제6장

제안요약서: 평가위원의 눈에 드는 제안요약

| 가끔은 제안서보다 더 중요하다 |

제안을 요약해 보여준다
— 제안요약서 만들기

제안요약서는
핵심 필기 노트와도 같다

　일반 기업의 경우 보통 별도의 제안요약서를 요구하지 않지만 공공사업 제안에서는 제안요약서 제출을 요구하기도 한다. 본 제안서가 200페이지가 넘어가는 경우, 발표자료와 별도의 제안요약서를 작성해야 하는 경우가 종종 있다. 요즘은 제안요약서를 발표자료로 대체할 수 있다는 조항이 생기고 있지만, 여전히 요구하는 곳이 있으므로 잘 준비해보자. 제안요약서는 발표자료와는 다른 성격의 문서인 만큼 그 특성을 알고 준비해야 한다.

제안서와 제안요약서를 모두 제출하는 사업의 경우 제안서는 참고서, 제안요약서는 핵심 필기 노트 같은 것이라고 보면 된다. 시험을 앞두고 있다고 생각해보자. 바로 내일이 시험이라면, 참고서 전체를 꼼꼼히 들춰가며 시험공부를 하지는 않을 것이다. 제안요약서는 시간에 쫓기는 평가위원들이 집어드는 핵심 필기 노트인 것이다. 다른 말로 하면 평가위원들이 가장 쉽고 편하게 평가를 할 수 있도록 해주는 것이 제안요약서의 가장 큰 목표라고 할 수 있다.

제안요약서 작업은 대부분 제안서 작성이 마무리된 후에 시작한다. 전체 제안서가 나와야 그 내용을 요약할 수 있다고 생각하는 것이 일반적이다. 하지만 불행히도 실전에서는 그렇지 않은 경우도 발생한다. 제안 기간이 짧은데 제안서, 제안요약서, 발표자료를 모두 제출해야 하는 경우 제안서 작성이 끝나기만을 기다릴 수는 없다. 이런 상황에서는 제안서 작성과 제안요약서 작업을 동시에 진행하기도 한다.

만약 제안서와 제안요약서를 동시에 진행하게 되면, 제안 PM은 다른 작업에서보다 일정관리와 제안서 리뷰 등 신경쓸 일이 훨씬 더 많아진다. 이런 경우 제안요청서상의 평가표를 기준으로 제안요약서를 작성하되, 본 제안서 중 먼저 작성이 완료된 부분부터 시작하면 된다. 본 제안서에서 작성되지 않은 부분을 다뤄야 할 때는 스토리보드를 기반으로 협의하여 제안요약서를 작성한 후 이를 본 제안서에 거꾸로 적용해 중복 작업을 피하도록 한다.

제안요약서 템플릿을 별도로 만들어 진행하는 경우도 있다. 이때 본 제안서에 없던 몇 가지 요소가 추가되기도 한다. 평가표 항목 매칭 정보 등이 그것이다. 제안요약서의 각 페이지마다 평가표의 어떤 항목의 내용을 충족하고 있는지 명시적으로 표시하는 것인데, 여러모로 손이 많이 가고 힘든 작업이지만 평가위원에게 제안요약서가 어떻게 활용되는지 잘 보여줄 수 있다면 좋은 전략이 될 수도 있다.

제안평가표 활용하기

제안요청서에는 평가표 또는 평가기준표가 있다. 몇 개의 하위 항목을 포함하는 큰 항목 몇 가지가 있고, 각각의 항목에는 배점 기준이 명시되어 있다. 평가표를 잘 들여다보고 분석하면 목차의 스토리보드를 보완할 수 있을 뿐 아니라 어떤 부문을 중점적으로 작성할지, 우리 회사가 몇점 정도 받을 수 있는지 등을 관리할 수 있다. 이 제안평가표는 제안서를 작성하는 사람들뿐 아니라 평가위원들에게도 매우 중요한 기준이 된다. 공공사업에는 이 평가표가 반드시 포함되어 있지만, 일반 기업의 사업에는 없는 경우도 종종 있다. 그런 사업에서는 평가표를 입수할 수 있는 영업력을 가진 회사가 수주에 성공한다고 봐도 무방하다.

평가위원들이 제안 내용을 평가할 때 가장 많은 영향을 받는 것은 발표자료다. 발표자료는 제안의 전체적인 이해, 전략, 사업수행 방법에 대한 것들을 효과적으로 설득시키기 위해 만드는 자료다. 반면, 제안요약서는 제안서 본문을 기초로 한 줄거리를 제공하여 평가위원들이 쉽게 평가할 수 있도록 하는 용도의 자료다. 그래서 평가위원들은 발표자료와 제안요약서를 함께 놓고 서로 맞춰 보면서 검토하기도 한다.

한쪽에 기술되어 있지 않은 부분을 다른 쪽에서는 기술했는지 확인하거나, 발표자료의 맥락과 제안요약서의 내용을 보고 평가 점수를 결정하기도 한다. 발표자료나 제안요약서에서 찾을 수 없는 항목들은 어쩔 수 없이 본 제안서를 뒤져야 한다. 불편할 수밖에 없다. 그러니 평가위원들에게 읽기 쉽게 잘 정리된 제안요약서를 제공하면 좋은 점수를 받는 데 좀 더 유리한 고지를 점령할 수 있다.

구분		평가항목	평가 요소	배점기준
기술 평가 (90)	사업 수행 실적 및 신뢰성	제안업체 일반 (15)	• 제안업체 신용평가 등급에 따른 경영상태	5
			• 유사사업 수행 실적	10
	사업수행 및 기술 부문	전략 및 방법론 (15)	• 사업이해도(사업목표 및 내용 이해도) • 추진전략의 창의성 및 타당성	10
			• 적용기술의 실현 가능성과 향후 확장성 • 단계별 활동 내역 구성과 산출물	5
		기술 및 기능 (25)	• 요구사항 분석의 타당성과 실행 방안의 적정성 • 도입 솔루션 및 서비스의 적절성 • 기능 구현방안의 적정성 • 디자인 및 사용자 편의성 제고 방안의 적정성 • 데이터의 이관 및 적용 방안 • 기능 및 품질 등 요구사항과 제약사항의 만족성 • 테스트 방안 제시의 타당성	25
	사업관리 부문	성능 및 품질 (10)	• 성능 요구사항 분석의 타당성과 성능 검증 방법 • 단계별 품질의 점검과 검토 방안의 적정성 • 테스트 유형별 테스트 환경, 방법, 절차 등의 적합성 • 테스트 후 조치 절차의 적정성	10
	사업관리 부문	프로젝트 관리 (10)	• 사업위험, 사업진도, 보안 관리 방법의 적절성 • 성과물이나 산출물의 형상 및 문서 관리 방법의 타당성 • 세부 활동 도출 및 기간의 타당성	10
	보안 및 지원부문	보안 및 프로젝트 지원 (15)	• 보안관리 대책의 적절성 • 품질보증 계획 및 인력의 적정성 • 시험운영 방법/내용/일정/조직의 적정성 • 교육 훈련의 방법/내용/일정 적정성 • 하자보수 및 유지보수의 적정성	10
			• 하도급계약의 적정성	3
			• 향후 발전방안 및 적절성	2
소계				90
가격 평가 (10)			• 기본계약에 해당하는 견적금액 평가	10
합계				100

자료 25 평가표 예시

10년 넘게 제안서를 쓰면서 가장 기억에 남는 제안요약서 작업이 있다. 이 사업에서는 특이하게 발표자료를 제출하지 않고 제안요약서만으로 평가하겠다고 했다. 직접 얼굴을 맞대고 설득하는 과정 없이 문서만으로 모든 것을 전달해야 하는 상황이라, 평소와 같은 방법으로 만들 수는 없었다. 중간에 제안요약서의 템플릿과 작성 방향까지 변경해가면서 제출 시한을 맞추기 위해 밤을 새며 매달렸다.

제안요약서의 페이지 수를 맞추고, 종이로 된 제안서를 제출하지 않는 특성상 평가위원들이 모니터를 통해서 제안요약서를 검

목차	제목 거버닝 메시지	
평가표상의 해당 항목	제안서 내용 페이지 (A4)	제안서 내용 페이지 (A4)
제안서상의 해당 페이지		

자료 26 A3 제안요약서 템플릿 예시

토할 것이라는 판단하에 과감하게 가로 형태의 A3 템플릿을 만들었다. A4 가로와 A3 가로 템플릿 모두 모니터에 꽉 차게 띄워 놓으면 똑같아 보이지만, 자료를 만드는 입장에서는 A3가 많은 내용을 편집하기에 그나마 수월했다. 말이 그렇다는 것이지 쉬운 작업은 결코 아니었다. 제안요약서 모든 페이지에 그에 해당하는 평가표 항목과 제안서 페이지를 표시하고 때로는 여러 페이지를 편집하여 새로운 페이지를 만들기도 했다.

그 결과 기존 사업자를 이기고 수주할 수 있었다. 기존 사업자인 경쟁사보다 단 1개 평가항목에서만 1.7점 낮았고, 나머지 모든 항목에서 더 나은 점수를 받은 것이다. 철저히 평가표를 기준점으로 삼아 평가위원들이 평가하기 좋은 제안요약서를 만든 수고를 인정받았던 사업으로 기억에 남게 되었다.

자료 27 A3 제안요약서 샘플

제안요약서 만드는 방법

제안요약서를 만들 때 가장 많이 쓰는 방법은 일명 '장 치기'다. 제안서를 기준으로 핵심적이지 않고 덜 중요한 내용을 담고 있는 페이지(장)를 삭제하는 것이다. 다시 말해 핵심적인 내용은 그대로 놓아두고, 경쟁사에 비해 그다지 차별적이지 않거나 일반적인 내용은 과감하게 쳐내는 것이다. 말이야 쉽지 실제 해보면 쉽지 않은 작업임을 알 수 있다.

작업을 함께 했던 동료 한 명은 유독 이 작업을 힘들어 했다. 아니 힘들어 했다기보다 하지 않으려 했다. 제안서를 한 장 한 장 정성 들여 작성했는데, 내 새끼 같은 제안서 페이지를 내 손으로 쳐내는 것이 아무래도 쉽지 않았던 모양이다. 이 페이지는 꼭 필요할 것 같고, 이 페이지는 만들 때 고민이 얼마나 많았는지를 생각하기 시작하면 1시간이면 끝날 수 있는 작업을 하루 종일 붙들고 있게 될 수도 있다.

그래서 종종 내게 장 치기 작업을 부탁하기도 했다. 내가 작성하지 않은 제안서지만, 또 그렇기 때문에 냉정하고 객관적으로 반드시 필요한 부분만 남기고 정리할 수 있었다. 제안서의 첫 장부터 마지막 장까지 장 치기를 하고 나면 원래 제안서의 60~70% 정도만 남길 수 있다. 그런데 제안요약서에서 요구하는 분량은 그보다 훨씬 더 적기 때문에 다시 한 번 더 장 치기를 해야 한다.

2번 정도 전체 제안서를 훑으면서 장 치기를 하고 나면, 실제 어떻게 사업을 할 것인지, 고객에게 무엇을 제공할 것인지 등의 내용만 남는다. 혹시 너무 과감하게 장 치기를 해서 필요한 부분까지 삭제한 건 아닌가 싶은 생각이 든다면, 다시 평가표를 펼쳐놓고 항목별로 대조해가면서 누락된 부분을 찾아보자. 이 과정에서 다시 살려내는 페이지도 있을 수 있다.

장 치기를 하면서도 전체적으로 본 제안서와 같은 맥락을 유지하려면, 처음에 제안서를 작성할 때부터 각 챕터의 첫 페이지는 해당 챕터 내용 전체를 다루는 개요summary 페이지로 만드는 것이 좋다. 품질관리 챕터를 예로 들어보자. 품질관리 부문 하위에 품질관리 방법론, 품질관리 조직, 품질관리 방안 등이 있다면 이 내용들을 모두 조금씩 언급해 첫 페이지를 작성하는 것이다. 그러면 뒤의 페이지를 모두 쳐내더라도 이 한 장으로 모든 것이 요약될 수 있다. 제안서를 작성할 때 제안요약서에서 하게 될 작업을 미리 생각하면서 작업하는 것이다.

제안제출:
마지막까지 집중하라

| 끝날 때까지 끝난 게 아니다 |

마지막까지
집중해야 하는 이유

조견표를 만들어보자

조견표는 전체적인 내용을 한눈에 들어오게 만든 표로, 제안서를 제출할 때 반드시 같이 제출해야 하는 부속서류 중 하나다. 제안서에 이미 목차가 있는데 뭐가 또 필요한가 싶긴 하지만, 조견표는 평가표를 기준으로 만든다는 점이 조금 다르다. 평가위원들이 쉽게 해당 내용을 찾을 수 있게 하려는 목적으로, 평가항목에 해당하는 내용이 제안서 어디에 기술되어 있는지 찾아 그 목차나 페이지를 표시한다. 일부 사업의 경우 해당 항목에 대한 제안 내용을 요약해 적기도 한다.

대항목	평가항목 (중항목)	평가요소	제안서 쪽 (Page)
I. 제안사 일반사항	1. 제안사 경영상태	가. 재무구조, 계약이행성실도, 신인도	11 ~ 12
	2. 관련 분야 사업실적	가. 개발경험의 유사성	13 ~ 15
		나. 개발경험 건수 및 시기	
		다. 개발분야의 규모 및 역할	
		라. 자체개발기술 등 관련기술 보유	
	3. 사업수행 조직	가. 조직체계의 적정성	16 ~ 22
		나. 참여인력의 적정성	
	4. 전문업체 참여	가. 전문업체기술의 적합성	13 ~ 15
		나. 전문업체의 자질	
		다. 전문업체 활용방안의 적정성	
	5. 상호협력	가. 컨소시엄 구성의 적정성	28
		나. S/W산업진흥법에 의한 공제사업 재원조성 참여	해당사항 없음
		다. S/W산업진흥법에 의한 S/W사업자신고제도 의 성실한 이행	
	6. 중소기업 보호·육성	가. 중소기업 GS인증제품 적용여부 및 규모	해당사항 없음
		나. 중소기업의 컨소시엄 참여 여부 및 규모	
		다. 중소업체 보호·육성을 위한 법령 준수 여부	
II. 제안 개요 및 업체 제안사항	1. 제안요청 사항 이해도	가. 제안의 목적 및 배경	1 ~ 6
		나. 사업 추진 전략	1 ~ 6
		다. 제안의 범위	
		라. 제안의 특징 및 장점·기대효과	
		마. 시스템 구축사업 이해도	

대항목	평가항목 (중항목)	평가요소	제안서 쪽 (Page)
II. 제안 개요 및 업체 제안사항	2. 제안서 작성의 충실도	가. 제안의 특장점과 사업수행을 위한 핵심 파악	제안서 작성원칙 준수
		나. 제안내용의 수행방법 제시	
		다. 제안요청서와의 적합성	
		라. 제안서 작성방법 준수여부	
	3. 성능 개선을 위한 제안사의 제안 우수성	가. 시스템 성능개선방안의 타당성	44~77
		나. 성능개선 제안사항의 적합성 및 우수성	
		다. 시스템 개선 효과의 합리성	
	4. 기타사항	가. 기타 본 사업 수행에 필요하다고 판단되는 추가 제안 및 지원사항	149

자료 28 제안서의 페이지만 제시하는 조견표 예시

평가위원들의 업무를 한번 생각해보자. 제안서와 제안요약서가 책상 한편에 쌓여 있다. 제안설명회 시작 전에 제안서를 검토할 수 있는 시간은 한정되어 있는데, 읽어야 할 분량은 엄청나게 많다. 이 많은 양의 제안을 모두 검토하고 제대로 점수를 주려면 효율적으로 움직여야 한다. 그러려면 평가표를 기준으로 각 제안사들이 충실하게 제안을 했는지를 먼저 검토해야 할 텐데, 이때 조견표를 펼쳐보는 것이다.

이 조견표를 보면 각 평가항목마다 해당하는 제안서 페이지가 명시되어 있어, 제안서를 처음부터 끝까지 정독하지 않아도 바로 해당 페이지로 찾아갈 수 있게 되어 있다. 조견표에 별도의 컬럼

을 두어 평가항목에 해당하는 배점을 표시하기도 하는데, 얼마나 비중 있는 항목인지를 다시금 인지하고 평가할 수 있게 한다. 만약 해당 항목의 요약 내용까지 기술되어 있다면 한 번쯤 읽어본 다음 제안서 페이지를 찾아볼 것이다. 그렇다면 평범한 내용이 아니라 특히 강조하고 싶은 내용을 요약 내용에 기술하고, 더 중요한 것은 폰트 굵기나 색깔 등으로 포인트를 줄 수도 있다.

대부분 평가항목은 목차와 비슷해서 해당 내용을 쉽게 찾을 수 있지만 간혹 목차에 없는 내용이 평가항목에는 있는 경우 당황스러울 수 있다. 게다가 제안서 작성과 리뷰가 모두 끝나고 마지막 정리 작업에서 조견표 작업을 하다가 이 사실을 발견한다면… 말 그대로 '멘붕'이 올 수도 있다. 이런 상황을 미리 방지하기 위해 처음 목차(스토리보드) 작업을 할 때는 평가표도 함께 놓고 작업을 해야 한다. 이런 준비가 다 되어 있는 상황에서 조견표 작업은 제안팀 중 막내에게 자주 주어진다. 제안서의 극히 일부 작업만 참여했던 막내지만 조견표 작업을 하면서 제안서 전체적인 구성을 찾아보면서 배울 수 있는 기회가 될 수 있다.

기타 구성요소와
증빙서류 준비하기

이제 제안서 제출까지 거의 다 왔다. 남은 것은 표지, 목차, 간지, 약어표 같은 기타 구성요소와 관련 증빙서류를 챙기는 것이다. 이런 부분들은 상대적으로 덜 중요해 보일 수 있는 데다, 생각보다 시간이 오래 걸려서 귀찮다고 느끼기 마련이다. 하지만 이런 자료들을 누락시키거나 잘못된 자료를 제출했을 경우 제안평가 점수에 영향을 미칠 수 있음을 기억해야 한다. 결코 쉽게, 만만하게 생각하지 말고 제안 일정 후반부에 이를 위한 인력과 시간을 계획하고 확보해야 한다.

- **표지**: 디자이너의 도움이 필요한 부분이다. 그게 여의치 않다면 유료로 구매한 좋은 템플릿의 표지를 사용하는 것이 좋다. 전체적으로 표지는 사업 자체와 제안 내용의 특징 등을 고려하여 적절한 디자인과 색깔 등 시각적인 부분을 고려하여 결정해야 한다. 한 가지 사례를 이야기하자면 IT 사업 제안서를 제출한 후 고객사로부터 핀잔을 들은 적이 있다. 사업과는 아무런 상관이 없는 건물과 도시 이미지로 표지를 만들었다는 것 때문이었다.

다른 유사 사업에서도 비슷한 표지를 사용했지만 한 번도 그런 피드백을 받은 적이 없었는데, 고객에 따라서는 그런 것도 의미 있게 보기도 하는 것이다. 제안요약서와 발표자료의 표지도 제안서와 같이 통일감을 주어 세트로 작성하는 것이 대부분이다. 제목 내용과 텍스트의 크기 등만 조금씩 바꾸어 사용하면 된다.

    제안요청서에 제안서 표지에 대한 엄격한 규칙이 있는 경우가 있다. 좌측 상단에서 몇 센티미터 내려와서 정사각형 칸을 몇 개 만들고, 폰트는 어떤 폰트에 몇 포인트 크기를 사용하도록 하는가를 지정하고, 하얀 백지에 흑백으로만 사업명과 간단한 내용을 기술하도록 한다. 이런 까다로운 표지 규칙은 주로 블라인드 평가로 진행되는 사업에 해당하며, 절대 규칙을 벗어나지 말고 100% 준수해서 표지를 만들어야 한다. 뭔가 조금이라도 어필하고 싶어서 색깔을 넣거나 무늬를 넣거나 하면 안 된다.

- **목차:** 주로 표지 바로 다음 페이지에 위치한다. 목차 다음에 조견표가 오기도 하고, 조견표를 별첨으로 넣기도 하는데, 목차의 위치는 거의 변함없이 표지 바로 다음이다. 제안서 작업의 첫 단계 작업이었던 엑셀 목차를 제대로 만들었다면 그것만 가지고도 목차 페이지의 대부분을 만들 수 있다. 보통 완성된 제안서

페이지와 목차 작성 페이지를 모니터 화면에 양쪽으로 띄워 놓고 작업을 한다.

- **간지:** 회사 소개, 제안 개요 등 대분류 챕터의 첫 페이지 직전에 들어가는 중간 페이지다. 예전에는 이 간지를 색지로 넣거나 밖으로 돌출된 인덱스 간지를 적용하기도 했지만, 온라인 제안서 제출이 많아지면서 챕터의 제목과 목차를 적는 기본적인 구성만으로 충분하게 되었다.

- **약어표:** 줄임말, 즉 약어에 대해 원래의 단어와 뜻을 함께 표기하는 표다. 예를 들자면 BPM이 Bit Per Minute(분당 비트 수)인지, Business Process Management(비즈니스 프로세스 관리)인지 헷갈리지 않게 하는 것이라 생각하면 된다. 기존에 사용하던, 잘 정리된 약어표가 있다면 새로 추가된 약어에 대해 업데이트해서 사용하면 된다. 굳이 약어표로 쓸 만큼 설명해야 할 용어가 많지 않다면, 해당 용어가 쓰인 제안서 페이지에서 각주 등으로 설명하는 글을 삽입하는 것도 한 가지 방법이다. 사실 이런 방법이 평가위원들에게는 더 편할 수도 있다.

- **증빙서류**: 관련 증빙서류는 3가지 정도로 분류해볼 수 있는데, 회사 관련 서류와 사업실적 서류, 투입인력 서류 정도가 있다.

구분	내용
회사 관련 서류	기업신용등급 확인서, 최근 3년 재무제표, 각종 인증서, 상장/표창장 등
사업실적 서류	유사사업 실적 확인서
투입인력 서류	졸업증명서, 경력증명서, 재직증명서, 자격증 등

자료 29 관련 증빙서류 예시

　대기업 제안팀의 경우 이 증빙서류 준비만 전담하는 인력이 별도로 있다. 아무래도 제안서를 작성하는 인력이 서류 준비까지 하기에는 시간적·정신적 여유가 없기 때문이다. 물론 회사 관련 서류나 사업실적 서류는 대부분 영업대표가 챙기는데, 증빙서류는 되도록이면 직접 제안 작성에 참여하는 사람이 아닌 별도의 인력이 준비하는 것이 좋다. 증빙서류 챙기는 작업은 은근히 시간이 오래 걸린다. 특히 투입인력 서류는 참여인력이 결정된 이후 그 사람의 개인 서류를 취합하고 정리해야 하는 작업이라 신경 쓸 부분이 더욱 많다.

제안서 제출 양식에 맞게 인쇄하기

이제 제안서는 다 준비되었다. 남은 일은 고객사 혹은 조달청에 제안서를 제출하는 것! 여기서는 종이로 인쇄한 제안서를 제출하는 방식을 설명하려고 한다.

제안서를 몇 부 인쇄할지, 컬러로 할지 흑백으로 할지, 양면으로 인쇄할지 한 면만 인쇄할지 등은 모두 제안요청서에서 요구한 대로 준비하면 된다. 만약 제안요청서에 정확하게 기재되어 있지 않다면 임의로 판단하는 것보다는 직접 고객사 사업담당자에게 물어보는 편이 가장 좋다.

대부분의 공공사업 제안서는 A4 용지 세로 작성이 기본이어서 인쇄된 제안서도 3공 바인더나 책 제본으로 만든다. 세로로 인쇄했으니 좌우로 넘기는 형태로 제작되는 것이다. 3공 바인더의 경우 인쇄된 A4 용지에 펀칭을 하여 끼우기만 하면 되지만, 책 제본인 경우 옆 면에 본드를 발라 표지와 함께 붙이고 말리는 시간이 필요하다. 업체에 제안서 인쇄를 의뢰할 때 미리 제책 형태를 알려주어야 하는데, 제책 형태인 경우 3공 바인더보다 대략 두어 시간은 더 필요하다고 보면 된다.

일반 기업 제안서는 제안서나 제안발표자료 모두 A4 가로 작성이 많다. 3공 바인더나 스프링 제본을 하여 아래에서 위로 넘기는 형태로 제작한다. 공공기관 제안서가 주로 흑백 인쇄를 요구하는 경우가 많은 반면 일반 기업에서는 이런 제약이 없어 모든 페이지를 컬러로 인쇄하기도 한다. 단, 제안요청서에 컬러 인쇄 제한이 없는지를 확인하고, 제안서 작성 시 컬러 사용에도 신경을 써야 한다는 점을 유의하자.

인쇄 업체에 주문할 때는 제안서 원본과 사본, 제안요약서, 발표자료를 각각 몇 부씩 할 것인지, 컬러인지 흑백인지, 양면인지 단면인지, 간지는 색지를 이용하는지, 탭을 붙일 것인지 등 여러 가지 사항을 정확히 전달해주어야 한다. 제안서 인쇄를 처음 주문할 때는 이런 상세 내용들을 잘 몰라서 당황할 수 있는데, 직접 인쇄 업체를 찾아서 실물을 보면서 관련 용어를 익히는 것도 좋은 방법이다. 그렇게 몇 번 해보면 나중에는 전화로도 정확한 주문을 하고 원하는 결과물을 받을 수 있을 것이다.

제안서 제출 시 제안서 전자파일을 담은 CD나 USB 메모리를 함께 제출하라는 내용도 있을 것이다. 보통은 인쇄 업체에 함께 주문하면 만들어 준다. 단, 완성된 제안서를 받아 최종적으로 잘못 인쇄된 페이지는 없는지 등을 체크할 때 CD나 USB 메모리도 확인하는 것이 필요하다. 예전 모 사업에 제안서를 제출했을 때 인쇄 업체에서 만든 CD에 에러가 있어 파일을 읽을 수가 없는 사고가 발생하여, 결국 제안서 접수가 취소된 뼈아픈 경험을 한 적이 있다. 두 번 다시 하고 싶지 않은 경험이다.

 인쇄가 끝난 제안서를 받아 드는 시점이 제출 몇 시간 전이라면 한 번 들춰볼 시간도 없이 바로 박스에 넣어 들고 가기 바쁠 것이다. 요즘은 공공기관이 지방으로 많이 이전했기 때문에 이동에 걸리는 시간까지 미리 계산해야 한다. 만약 서울에서 제안서를 썼지만 제출할 곳이 부산 조달청이라면 아예 부산에 있는 인쇄 업체를 이용하는 것도 하나의 방법이 될 수 있다. 이렇게 시간에 쫓기는 경우가 아니라면 제출하러 출발하기 전에 인쇄된 내용을 검토하는 것도 필요하다. 의외의 오타나 오기誤記를 발견할 수도 있다. 인쇄된 상태에서 수정하는 것이 쉬운 일도 아니고, 제안서도 좀 지저분해지겠지만 잘못된 내용 때문에 제안평가 점수에 영향을 줄 정도라면 이때라도 수정해야 한다.

온라인 제출하기

___

　공공기관 사업 발주 패턴에 변화가 일기 시작했다. 10억 원 미만의 사업에서 온라인으로 제안서 제출과 평가를 할 수 있도록 한 지 거의 10여 년이 지났는데, 코로나19 확산 방지를 위해 2020년 4월부터는 협상계약 평가 등 모든 평가를 온라인 평가로 긴급 전환하고 사업 금액을 20억 미만으로 상향 조정했다. 더불어 20억 원 이상에 대해서도 감염병 예방 등 필요 시 온라인 평가를 할 수 있는 근거가 마련되어 거의 모든 제안서 제출은 온라인으로 하게 되었다고 봐도 무방할 것이다.

　조달청 나라장터 시스템을 통한 온라인 제출은 대상 파일 전체 크기가 300MB를 넘지 못하도록 되어 있다. 혹시 300MB를 넘는다면 고화질의 이미지가 삽입되어 있는지 확인하고, 약간 화질을 낮춰서 맞출 수 있다. 업로드하는 파일은 PDF 형식만 가능하다. 제안요청서에 자세히 안내가 되어 있으니 참고하거나, e-발주시스템 내에 관련 가이드나 매뉴얼이 등록되어 있으니 사전에 미리 숙지하는 것이 좋겠다.

　일반 기업도 제안서를 온라인 제출하는 경우가 많아지고 있다. 약간 다른 점은 조달청 사이트 같은 전문 시스템을 가지고 있는 고객사도 있지만, 많은 경우 고객사 담당자 개인 이메일로 전송한다는 것이다. 제출 마감도 날짜만 정해져 있고 시각은 없는 경우가 있다. 이럴 때는 통상 업무 마감 시각인 오후 6시까지로 보고 제출하기는 하지만, 고객사 담당자에게 문의하여 정확한 시각에 대한 답변을 받고 그에 따르는 것이 가장 확실하다.

　제안서를 온라인으로 제출하게 되면서 제안서를 인쇄하고 조달청이나 고객사로 실어 나르는 시간도 절약되고 완성도를 조금이라도 높일 수 있게 되었다. 그 점은 좋아졌다고 할 수 있을 것 같다. 반면 변하지 않은 것도 있다. 종이로 제안서를 제출할 때 인쇄가 끝난 제안서를 처음부터 끝까지 검토하는 것과 마찬가지로 PDF 변환 후에도 만들어진 PDF 자료를 첫 페이지부터 마지막 페이지까지 검토해야 한다. 모든 페이지가 빠지지 않고 잘 변환되었는지, 텍스트나 그림이 깨진 부분은 없는지 등을 확인한다. 이렇게 마지막 한 땀의 품질까지 관리하자.

제8장

제안발표:
준비한 모든 걸
보여주는 시간

| 평가위원의 마음에 쏙 드는 발표 비결 |

제안발표자료 작성은
내용 전달이 핵심

준비했으면
제대로 보여줘야 한다

　지금까지 제안서를 열심히 작성했다. 제안요청서를 분석하고, 일정을 계획하고, 전략을 수립하고, 제안서 페이지 하나하나를 모두 공들여 썼다. 그런데 정작 평가위원들이 주로 읽는 건 제안발표자료다. 좀 심하게 말하면, 평가위원들은 제안서를 거의 안 본다고 생각하는 사람들도 있다. 이 무슨 청천벽력 같은 말인가! 지금까지 그렇게 고생하며 쓴 제안서가 안 읽힐 수 있다니?

　공공사업의 제안서 평가 절차를 알면 조금 이해가 된다. 간단히 설명하면 이렇다. 사업이 공고되면 제안서 제출 마감일과 제안발표일이 함께 정해진다. 조달청에서는 제안발표일에 맞춰 제안평가위원회를 만들게 되는데, 관련한 평가위원 인력 풀 중에 무작위로 연락을 취해 수락하는 사람들을 대상으로 한다. 평가위원이 정해지면 제안서와 발표자료를 보내 검토하도록 하는데, 바로 이 때 시간이 부족하다는 것이 핵심이다. 제안서가 수백 페이지나 되고 참여업체가 많을수록 평가위원들이 검토해야 하는 제안 내용은 더 많아지고, 시간은 더 부족해진다. 조달청 심사가 아니라 고객사에서 자체 평가위원들을 위촉하는 경우도 크게 다르지 않다.

게다가 요즘은 제안서 제출일와 제안발표일 사이의 간격도 짧아지는 추세다. 예전에는 제안서를 제출하고 일주일 정도 후에 발표일이 잡혀서 발표 준비하는 입장에서나 평가하는 입장에서나 약간 여유가 있었던 반면, 최근에는 2~3일 뒤에 발표를 하거나 심지어 제안서를 제출하고 바로 다음날 발표를 하는 경우도 있다. 그러니 평가위원들이 제안서를 읽어볼 수 있는 물리적 시간마저 확보되지 않을 수도 있는 것이다. 이렇게 되면 제안발표장에서 프레젠테이션하는 내용으로 수주 결정을 하게 될 확률이 높다.

게다가 앞서 리스크 갭(제안요청 이전과 이후에 고객사에 미치는 영향력의 차이) 그래프에서 살펴봤듯, 고객사나 평가위원들을 직접 만나 설득할 수 있는 두 번째이자 마지막 기회가 바로 제안발표다. 리스크 갭으로 인해 낮아진 영향력을 다시금 끌어올려서 사업수주로 이어지게 할 수 있는지 여부가 제안발표에 달려 있는 만큼, 발표자료의 작성은 매우 중요하다.

제안발표자료를 작성하는 방식은 크게 2가지로 분류할 수 있다. 하나는 많은 양의 텍스트와 이미지, 상세 방안 등의 사용을 자제하고 말 그대로 프레젠테이션을 위한 시각적 보조자료로 작성하는 것이다. 이런 방식의 발표자료는 제안의 내용을 처음부터 끝까지 잘 이해하고 있는 숙련된 발표자에게 적합하다. 무대에서 아이폰을 프레젠테이션하던 스티브 잡스를 떠올려보자.

또 다른 방식은 마치 제안요약서와 같은 수준으로 꼼꼼하고 자세하게 구성하여 발표 용도뿐 아니라 한 장씩 넘겨가며 읽어보고 확인할 수 있는 자료의 역할을 할 수 있도록 만드는 것이다. 프레젠테이션에서 줄 수 있는 임팩트는 약간 덜하지만, 화면을 보면서 진행하기 때문에 놓치는 항목 없이 발표하기에는 수월한 면이 있다. 실제 공공사업 일선에서는 두 번째 스타일의 제안발표자료를 선호하는 경향이 있기는 하다. 그러나 일반 기업 등 고객사에 따라서 어떤 스타일의 자료가 더 적합한 구성이 될 수 있을지는 고민이 필요하다.

제안발표 시나리오 만들기

　제안발표자료에는 제안에 대한 전체적인 이해, 어떻게 수행할지에 대한 전략, 사업을 어떻게 전개할지에 대한 방안 등 제안요청서에서 요구한 사항에 대한 답변을 담는다. 그렇다고 발표자료를 제안요약서 만들듯이 평가표 내용으로 구성하면 딱딱한 형태의 나열식 발표가 될 가능성이 높다. 발표자료는 좀 더 자유로운 구성이 용인되므로, 설득력을 최대한 높일 수 있게 만드는 것이 더 중요하다.

　발표자료를 만들 때는 시나리오를 먼저 구상한다. 시나리오는 제안서 및 제안요약서 내용을 바탕으로 발표하고자 하는 내용을 간결하고 명확하게 전달할 수 있도록 작성하는 것이 좋다. 제안발표자료의 분량은 보통 제안발표에 주어지는 시간을 염두에 두고 조절한다. 통상 제안발표 시간이 15분이면 발표자료는 약 1.5배 정도인 20~25장 정도를 만든다고 생각하면 된다.

　물론 발표 스타일이나 시나리오에 따라 더 적거나 많을 수도 있지만, 너무 많지는 않게 하는 것이 좋다. 해보면 알겠지만 분량이 너무 많으면 1장을 띄워 놓고 몇 마디 하지도 못하고 바로 다음 장으로 넘겨야 하는 등 시간 배분에 어려움을 겪게 된다.

○○시스템 구축 제안설명회	목차	I. 제안개요	1. 제안 배경 및 목적	2. 제안 범위
3. 제안의 특징 및 전략	4. 상세 추진 전략 1/2	4. 상세 추진 전략 3/4	II. 제안업체 일반	1. 제안사 소개
2. 주요 사업 실적	III. 시스템 구축 부문	1. 목표 시스템 구성도	2. 요구기능 구현방안 1	2. 요구기능 구현방안 2
2. 요구기능 구현방안 3	3. 기밀보안 방안	IV. 사업수행 부문	1. 사업관리 방법론	2. 사업 수행 조직
3. 추진 일정	V. 지원 부문	1. 교육훈련 및 기술이전	2. 유지보수	감사합니다. Q&A

자료 30 발표자료 시나리오 구성 예시

　제안발표자료는 백이면 백, 파워포인트로 작성한다. 파워포인트의 각 슬라이드마다 어떤 내용을 담아서 전체 발표자료를 구성할지 구상하는 것이 시나리오의 시작점이라고 할 수 있다. 자료 30의 예시와 같이 첫 페이지의 표지부터 마지막 페이지까지 적절하게 배분해 계획을 세우고 템플릿에 맞게 상세 작성을 하면 된다.
　제안서 작성에 목차 혹은 스토리보드가 있듯이 발표자료 작성에도 마찬가지로 스토리라인이 있다. 제안발표를 하나의 스토리

텔링으로 만들기 위한 것이라고 생각하면 된다. 대개는 표지와 목차 다음으로 사업의 배경과 목적, 범위, 기대효과 및 전략, 구축방법, 기술적인 사항들, 사업관리 방안, 보안 방안, 기술지원과 유지보수 방안 등 제안서의 순서에 준해서 구성하는 것이 보편적이다. 가장 무난한 방식이다.

또 다른 형태의 스토리라인으로는 전략에 중점을 두고 전체 자료를 구성하는 방식이다. 주로 인트로(들어가는 말)를 시작으로 사업의 배경과 '왜 우리가 이 사업을 수주해야 하는지'에 대한 설득을 주요 줄기로 하여, 사업추진 전략을 하나씩 내세우며 주요 추진방안 및 기술력 등을 제시한다. 아주 극단적인 경우에는 사업관리, 기술지원 및 유지보수 등의 내용이 거의 없거나 아주 적은 분량으로 구성되기도 한다. 거의 모든 제안 내용을 제안전략에 녹여내는 것으로, SI 사업 제안발표에서 자주 사용되곤 한다.

이렇게 제안발표 시나리오를 만들 때는 사업의 특성과 제안방향 등을 고려하여 기본적인 스토리라인 방식과 전략 스토리라인 방식 중에서 선택하면 된다.

제안발표자료 디자인

제안서나 제안요약서와 비교하면, 제안발표자료는 시각적으로 보여지는 부분이 훨씬 더 중요하다고 할 수 있다. 제안서나 제안요약서는 흑백으로 인쇄된 종이로 고객에게 전달되기도 하지만, 제안발표자료는 반드시 컬러의 슬라이드 쇼를 통해 보여주기 때문이다. 발표자료에 사용되는 글자와 이미지의 크기, 위치, 색깔 등 하나부터 열까지 신경 써야 한다. 그래서 GD Graphic Design 디자이너가 필요하다.

GD는 많은 업계에서 광범위하게 사용되는 단어지만, 제안 작업에서는 제안서나 제안발표자료의 페이지 디자인 작업으로 통용되고 있다. 때로는 제안발표자료 디자인 작업을 제안서 디자인 작업과 구분해 PD Page Design 로 부르기도 한다.

GD 디자이너는 제안서나 제안발표자료의 템플릿을 작성하는 것뿐 아니라 제안에서 전달하고자 하는 메시지를 시각적으로 부각해 효과적인 설득력을 발휘하도록 하는 것이 주요 업무다. 이처럼 제안 작업에서 GD는 보통의 제품 디자인이나 웹 디자인과는 완전히 다른 측면의 디자인 분야라고 이해하면 된다.

대기업 제안팀들은 GD 디자이너 인력을 사내에 보유하고 있거나, 아웃소싱을 통해 외부팀과 협업하고 있는 경우가 많다. 만약 협업하는 GD 팀이 없다면, 사업의 규모나 중요성에 따라 그때그때 외주 GD 디자이너나 업체를 찾아서 작업을 할 수 있다. 실력 있는 프리랜서 디자이너든 전문 GD 회사든 적어도 한 번 정도는 제대로 된 디자이너와 작업을 진행해보는 것도 좋다. 이들이 가진 메시지 전달 노하우를 배우는 기회가 될 것이다. 짧은 시간에 많은 양의 제안서와 제안발표를 보는 평가위원들은 아무래도 시각적으로 좀 더 명확한 메시지를 전달하는, 그래서 평가하기 더 수월한 제안서에 좋은 점수를 줄 가능성이 높다.

혹시 GD 팀의 도움을 얻을 수 없는 경우라면 잘 만들어진 템플릿을 유료로 구매하는 것도 생각해볼 수 있다. 가로 및 세로 형식의 제안서, 발표자료 템플릿 등 검색해보면 무료 템플릿도 쉽게 구할 수는 있지만, 자료의 완성도와 클립아트, 이미지, 아이콘 등 활용도를 고려할 때 유료 템플릿을 구매하는 편을 권장하고 싶다. 고품질의 템플릿[9]을 이용해 제안서나 제안발표자료를 만들면 같은 내용이라도 이전에 비해 훨씬 좋은 평가를 받을 수 있다는 것

---

[9] 굿펠로(goodpello.com), 슬라이드멤버스(slidemembers.com), 비즈폼(bizforms.co.kr) 등의 사이트를 방문해보자.

을 경험할 수 있다.

제안발표자료 작성하기

앞서 제안서 제출일과 제안발표일 사이의 간격이 짧아지는 추세라고 했는데, 공공사업인 경우 대부분 제안서와 제안발표자료를 동시에 제출하게 되어 있다. 이러면 제안서 제출 후 제안발표일까지 시간이 넉넉하다고 해도 발표자료 작성과는 상관없는 일이 된다. 제안서 작성 기간 동안 제안발표자료도 함께 작성해야 한다.

제안발표자료는 구성, 디자인, 사용되는 문구까지 제안서와 전부 다르다. 이런 이유 때문에 제안발표자료는 제안 작업 기간 중 어느 시점에서 별도의 인력을 구성해 작성하기도 한다. 대개는 제안의 배경과 범위를 분석해 정리하고 수행전략이 거의 확정되는 시점에 제안발표자료의 작성을 시작한다. 이 시점부터는 제안서와 제안발표자료를 동시에 진행하게 되는 것이다.

발표자료 작성의 첫 걸음은 목차, 간지 등을 포함해 필요한 화면 디자인과 작성 템플릿을 만드는 것이다. GD 디자이너가 있는 경우에는 미리 디자인된 템플릿으로 작업하거나 디자인 없이 내용(콘텐츠)만 채워진 발표자료를 GD 디자인팀에 넘겨서 전체를 다시 작업할 수도 있다. GD 디자이너가 없는 경우는 다른 사업에서 사용했던 템플릿을 사용할 수도 있다.

그러나 어떤 경우에도 발표자료를 만드는 불변의 원칙이 있다. 프레젠테이션을 위한 자료를 만들 때는 문장을 KISS 원칙에 따라 작성한다. 바로 'Keep It Short & Simple', 즉 '텍스트를 간결하고 짧게 끊어서 핵심 내용 위주로' 작성하는 것이다. 복문이 아닌 단문으로 단순명료하게 쓰는 것이 좋다. 사용하는 폰트의 크기는 너무 작지 않은 크기로 작성해야 한다. 제안요약서를 겸하는 발표자료의 경우 텍스트가 많이 필요한 경우도 있지만, 그래도 원래 목적인 프레젠테이션을 감안하여 너무 작은 크기의 글자 사용은 배제하자.

발표자료는 시각적인 효과를 우선으로 생각해야 하는 만큼 각 슬라이드에는 적당히 공백을 두고 만드는 것이 좋다. 대략 70~80%만 채운다고 생각하면 된다. 그래프, 차트, 도형 등 시각화 도구 및 목적에 부합하는 이미지를 활용하되 컬러는 되도록 3가지 내외로 사용하는 것이 바람직하다. 물론 좀 더 많은 수의 색을 사용할 수는 있겠지만 자칫 알록달록 유치원생 작품 같아 보일 수

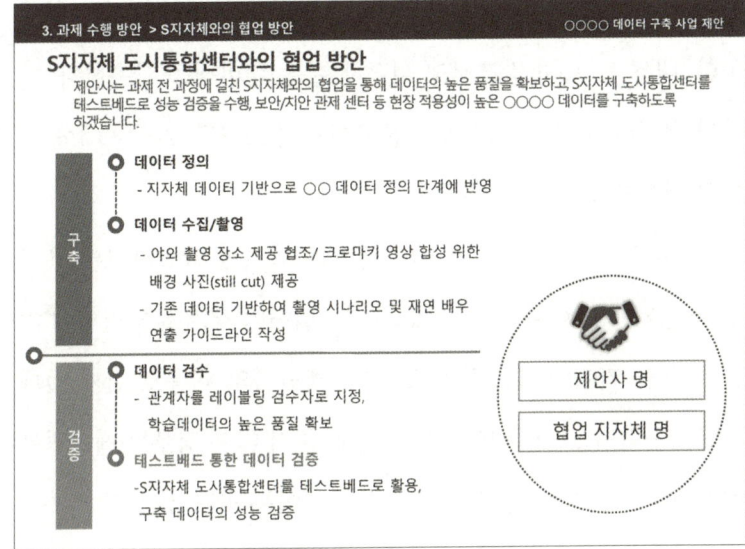

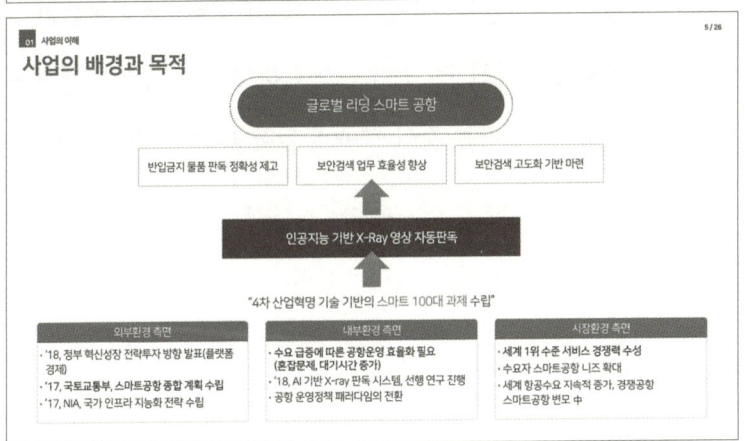

자료 31 제안발표자료 작성 사례

있기 때문에, 전문 디자이너의 도움이 없다면 안전하게 가는 것이 좋다. 내용 중 특히 강조하고 싶은 부분은 대비색을 활용한다. 한 가지 팁이라면, 고객사의 공식 홈페이지에 소개된 로고나 CI에 사용된 색깔을 참고하는 것이다.

  발표자료를 만들다 보면 제안서와는 다르게 작성하고픈 욕구(?)가 생기기도 한다. 뭔가 새로운 아이디어가 생겨서 제안서에 없는 내용을 기어이 추가하기도 한다. 제안서의 내용도 함께 업데이트해준다면 크게 문제될 것은 없다. 좋지 않은 경우는 제안발표 직전까지 자료를 수정하는 것이다. 심지어는 발표 몇 시간 전까지 수정하는 경우도 보았다(물론 공공사업은 아니었다). 제안발표자료는 적어도 프레젠테이션 3일 전에는 완료하고, 발표자가 프레젠테이션 연습을 더 많이 하는 것이 수주 확률을 높일 수 있는 진짜 노하우다.

제안발표 스크립트 만들기

  발표자료 작성 단계에서 각 페이지에서 어떤 내용을 말할 것인지가 결정되면 이제 스크립트를 작성할 차례다. 스크립트는 방송

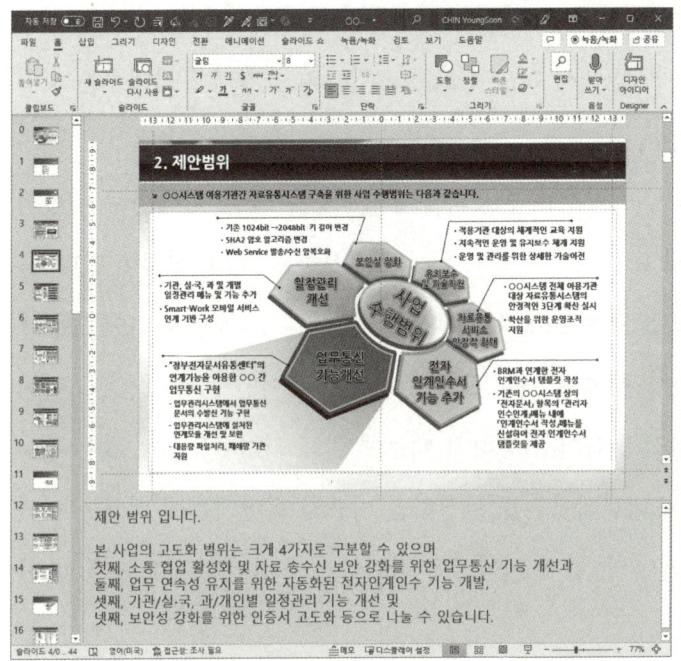

자료 32 슬라이드 노트로 작성하는 제안발표 스크립트 예시

으로 치면 '대본', 뉴스로 치면 '프롬프트'라고 생각하면 된다. 발표 자료의 각 페이지의 내용을 정확히 어떤 문구를 사용하여 말할 것인지를 별도의 문서로 만들어놓는 것이다. 대개 프레젠테이션은 수행 PM이 하므로 수행 PM이 직접 제안발표자료를 작성하는 것이 좋고, 만약 사정이 안 된다면 적어도 이 발표 스크립트만큼은 직접 작성하는 것이 가장 좋다. 하지만 여러 가지 이유 때문에 수

행 PM이 스크립트를 직접 작성하지 못하는 경우도 있을 수 있으므로, 제안팀에서 어느 정도 스크립트의 줄거리를 잡아주는 것이 필요하다.

발표 스크립트는 발표자료에 슬라이드 노트로 작성하는 방식과 워드 프로그램에 별도 문서로 작성하는 2가지 방식이 있다. 슬라이드 노트로 스크립트를 작성하는 방식은 해당 슬라이드를 보면서 발표할 중요 키워드가 어디 있는지, 어떤 순서로 진행하면서 설명할지 연습이 가능하기 때문에 발표 리허설용으로 많이 활용한다. 프레젠테이션을 실행하면 발표자 화면에는 현재 페이지와 다음 페이지, 현재 페이지에 적어놓은 슬라이드 노트를 함께 볼

자료 33 | 발표 스크립트 사용하기

수 있어 편리하다. 필요하면 슬라이드 노트를 인쇄해서 익숙해질 때까지 연습하는 것도 좋다.

스크립트를 별도 문서로 작성하는 방법은 개인적으로 별로 권하지 않았다. 발표의 첫 장부터 끝까지 미리 짜놓은 대로 읽는 연설문 같아서 토씨 하나 틀리지 않고 외워야 할 것처럼 생각되었기 때문이다. 하지만 최근 화상회의 시스템을 통한 온라인 제안발표가 늘어나면서 이 방식도 좋은 발표 전략이 되고 있다. 모니터를 통해 발표자료와 발표자가 보이기는 하지만, 발표자의 모니터 너머에 있는 원고(스크립트)는 평가위원들에게 보이지 않는다. 무대 공포증이 심한 발표자라도 페이지를 넘겨가며 차분하게 원고를 읽으면 된다. 그러면 말이 꼬이거나 갑자기 외운 것이 생각나지 않는 돌발 상황을 막을 수 있다.

제안팀에서 기본적인 발표 스크립트를 만들어주기는 하지만, 그렇다고 발표자가 할 일이 없는 것은 아니다. 제안 전체의 전략에 영향을 주지 않는 범위 내에서 스크립트를 발표자 본인의 스타일에 맞게 수정하는 작업이 필요하다. 문어체로 작성된 스크립트를 자연스러운 구어체로 만들거나, 자신이 잘 사용하지 않는 단어나 문장 구조를 좀 더 익숙한 단어나 문장 구조로 수정해야 한다. 발표자에 따라서는 PM 본인의 역량과 능력을 소개하는 문구를 말하는 것 자체도 수줍어하는 경우가 있으므로, 좀 더 익숙하게 말할 수 있도록 내용을 다듬어보자.

Q&A 자료 만들기

제안발표자료를 만들 때 자칫 소홀히 하기 쉬운 것이 Q&A 자료다. 제안서와 제안요약서, 발표자료까지 만들고 나면 더 이상 뭔가 할 수 있는 여력이 남지 않은 것 같은 느낌이 들기도 한다. 그러나 Q&A도 엄연히 발표자료의 일부다. 반드시 준비해야 한다.

PM 경력은 많아도 정작 제안발표는 별로 하지 않았던 동료가 있었다. 무대 공포증 때문이었다. 중요한 대형 프로젝트가 있어 꼭 그분을 PM으로 해야 한다고 설득해서 제안발표 연습까지 열심히 함께 했다. 제안요청서에 나와 있는 대로라면 제안 설명은 60분, Q&A는 30분 이내로 준비해야 했다. 화상 발표도 아니어서 긴장완화제를 먹고 발표장에 갔는데, 프레젠테이션은 25분을 겨우 채우고서 끝났다. 원래는 이렇게 되면 좋지 않다. 주어진 60분은 못 채우더라도 최소 50분은 넘겨야 한다.

하지만 반전은 이때부터였다. 뒤이어 이어진 Q&A 시간이 무려

1시간 30분 동안 진행된 것이다. 고객사의 각 부서에서 온 평가위원들이 어떤 질문을 던져도 PM은 전부 적절한 답변을 했다. 제안서를 썼던 나를 비롯해 배석한 사람들이 뭔가 보충 설명을 할 필요가 없었다. 나중에 발표가 끝나고 자리를 일어서면서 배석했던 임원이 한 마디 했다. "○○ PM 아니었으면 어떡할 뻔했나?"

이 프로젝트는 수주에 성공했고, 수주 성공의 가장 큰 요인은 제안발표 시 PM의 Q&A 대응이었다.

그 반대 경우도 있다. 프레젠테이션 자체는 무난하게 잘 끝냈으나 Q&A에서 질문에 답변을 제대로 하지 못하거나, 답변 태도에 문제가 있어 실주하는 것이다. 의외로 답변이 틀려서 문제가 되는 경우는 많이 없다. 제안발표장 내에서 답변이 틀렸음을 증명하기가 쉽지 않기 때문이다. 그런데 유독 답이 틀렸다는 이유로 발표자를 공격한다면, 그건 이미 마음속으로 그 업체를 떨어뜨리려고 작정하고 있는 것으로 보면 된다.

이처럼 Q&A가 제안 결과에 미치는 영향이 크기 때문에 Q&A에 철저한 준비가 필요하다. Q&A 자료는 2가지로 나누어서 준비하는데, 하나는 '예상 질문과 답변'이다. 이전에 비슷한 사업을 진행할 때 제안설명회에서 받았던 질문 리스트가 있다면 좋은 참고 자료가 될 수 있다. 평가위원들의 관점은 거의 비슷하기 때문이다. 수행 PM을 비롯한 투입인력의 기술력, 투입공수의 적절성, 수행일정의 적절성 등이 단골로 등장하는 질문 사항이다.

또 이 사업에 관해 제안하는 특별한 부분이 있다면 반드시 그에 대한 질문에 대비해야 한다. 경쟁사와는 다른 방안을 제시하는 경우 등 평가위원이 물어보지 않을까 싶은 내용을 최대한 찾아내고 그에 대한 모범 답변까지 만들어놓아야 한다. 이 예상질문과 답변은 보통 엑셀에 작성한다. 필요한 경우 개발자나 다른 사업 PM들에게 도움을 받자.

두 번째 Q&A 자료는 '제안발표자료에 추가 페이지 형태로 작성'하는 것이다. 말로만 설명하는 것보다 미리 그에 해당하는 시각자료까지 만들어서 발표자료의 끝 부분에 준비해놓으면 해당 질문이 나왔을 때 그 페이지를 스크린에 띄워 놓고 답변할 수 있다. 이런 방식은 예상 질문에 대해서 미리 꼼꼼히 준비했다는 점에서 사업을 잘 수행할 수 있겠다는 신뢰감을 주기도 한다. 반면, 그만큼 중요한 내용이라면 질문을 받기 전에 먼저 제안발표에서 설명함으로써 평가위원들이 추가 질문을 하지 않아도 이해할 수 있도록 하는 것이 더 좋다는 의견도 있다. 이러한 점들을 고려하여, 제안하는 사업의 특성과 케이스에 맞게 적절하게 Q&A를 준비하면 된다.

Q&A에서 제1원칙은 평가위원의 질문에 대한 답변은 무조건 발표자가 하는 것이다. 좀 더 상세한 기술적 답변이나 회사 상황에 대한 재무의견 등 전문 분야의 답변이 필요한 경우는 발표자가 먼저 개략적인 내용으로 답변한 후 배석한 담당자에게 발언 기회를 넘겨 답변하도록 해야 한다. 그렇기 때문에 발표자는 Q&A로 준비한 내용까지 잘 숙지하고 프레젠테이션을 해야 한다. Q&A

No.	구분	질문내용	답변내용	비고
1	공통	크로스 브라우징은 지원되나요?	No Active X 기안결재기를 제공하고 있으므로 Chrome, Firefox 등 다양한 브라우저를 사용할 수 있는 크로스 브라우징을 지원합니다.	
2	공통	서버 구성안에 대해 설명해보세요.	금번 사업에서는 하드웨어나 상용소프트웨어는 제안하지 않으나, 향후 도입되거나 재배치될 서버군의 스펙을 분석하여 최적의 안을 도출하였습니다. Active-Active 구성을 기본으로 하여… (중략)	
3	데이터	데이터 이관은 어떻게?	2001년부터 2007년까지의 데이터는 ○○시스템으로 이관하고, 2008년부터 2014년까지의 데이터는 새로 구축되는 □□시스템으로 이관합니다. 데이터는 각각 1,600만 건에 1T, 5,000만 건에 10T 정도로 건수와 용량이 매우 큽니다. 안전하고 신속한 이관을 위해 문서이관을 위한 자동화 툴을 이용하고, 철저한 검증으로 데이터 이관의 무결성을 보장합니다. 자동화 툴은 다른 공공기관 사업에서 이미 사용성이 검증되었습니다.	

자료 34 예상 질문과 답변 준비 예시

준비가 잘 되었다면 제안발표가 좀 부족했거나 실수를 했더라도 Q&A를 통해 오히려 기회를 잡을 수도 있다. Q&A까지 철저하게 준비된 제안상황을 보고 평가위원은 훨씬 더 많은 신뢰를 보낼 것이다.

제안발표 리허설
: 실전처럼 연습하라

아이팟, 아이폰, 아이패드 등 혁신적인 기기로 새로운 세상을 열었던 스티브 잡스는 새로운 제품을 출시할 때마다 수천 명의 관중 앞에서 뛰어난 프레젠테이션을 보여주었다. 그의 프레젠테이션을 가장 이상적이라고 생각하는 사람도 많으며, 그만의 프레젠테이션 비결에 대한 책도 상당히 많다. 그리고 그의 성공적인 프레젠테이션의 비밀이 지독한 연습이었다는 것을, 아는 사람은 알고 있을 것이다.

사업 수주를 위한 프레젠테이션이 성공할 수 있는 방법 또한 연습, 즉 리허설이다. 생방송 전에 동일한 무대장치와 조명, 음악 등 연출하에 출연자들이 실제로 방송하듯이 연기하거나 노래하는 것을 리허설이라고 한다. 제안발표에서도 동일하게 한다고 생각하면 된다. 프레젠테이션 경험이 부족한 사람일수록 리허설의 중요성은 더욱 커진다. 실제 해보지 않고 머릿속으로만 상상하는 이미지 트레이닝은 제안발표에는 별 도움이 되지 않는다.

사람마다 프레젠테이션을 준비하는 방식은 다르다. 발표 스크립트를 달달 외우는 사람도 있고, 큰 회의실에 발표자료를 띄워놓고 혼자 연습하는 사람도 있다. 각자 나름대로 맞는 방법을 찾아가면 되지만, 무엇보다 중요한 것은 처음부터 끝까지 실제처럼 해보는 것이다. 심지어는 제안발표 당일 아침에 일어나면서부터 제안발표를 마치고 나오는 순간까지 계획을 세우고 그에 맞게 연습하고 실행하기도 한다.

제안발표회장이 지방에 있다고 가정해보자. 아침에 일어나서 세안하고 가볍게 아침식사를 한 다음 옷을 챙겨 입고 KTX를 타러 간다. 제안발표 1시간 전까지 근처 커피숍에 모여서 마지막 점검을 하고, 10분 전에는 발표회장 문 앞에서 대기한다. 제안발표회장에 들어서서는 내가 서 있을 자리를 체크하고 옷매무새를 고치고 평가위원석 쪽을 바라보고 인사를 하고 발표를 시작한다. 이런 식으로 발표를 시작해서 마지막 Q&A를 진행하는 것까지 실제 임한다고 생각하고 연습한다. 실제로 발표회장에 들어가기 전까지는 철저한 준비와 계획으로, 발표회장 안에서 일어나는 모든 일들은 비슷한 구조의 회의실에서 실제처럼 연습해야 한다.

비행기 운항에서 가장 위험한 시간은 이륙 후 5분, 착륙 전 8분이라는 유명한 항공 격언인 '마魔의 13분'을 알고 있는가? 항공기가 높은 고도에서 운항할 때보다 이착륙 시에 사고가 날 확률이 높다는 데서 나온 말이다. 축구 경기에서도 전후반 시작 직후와 종료 직전에 골이 들어갈 확률이 높은 것으로 알려져 있다. 제안발표도 이와 비슷하다고 보면 된다. 프레젠테이션을 시작하고 5분이 가장 위험하다!

제안발표는 보통 이렇게 시작한다. "지금부터 A시스템 구축을 위한 제안발표를 시작하겠습니다. 발표를 맡은 저는 B사 PM 진○○입니다"라는 말로 시작해, "먼저 본 제안에 참여할 수 있게 해주신 것에 대해 감사의 말씀을 드립니다"라든지, "오늘 이 제안발표를 하러 오면서 보니…"와 같은 가벼운 인사말이나 긴장을 풀어줄 수 있는 이야기를 한다. 그리고는 간단하게 목차를 소개하고 제안의 배경과 목적 페이지로 넘어가서 본격적인 프레젠테이션을 한다.

여기까지 하는 데 채 몇 분 걸리지 않는다. 사실 도입 부분에 하는 말들은 평소에는 잘 하지 않는 것들이기도 하고, 제안의 배경과 목적 페이지에서 이야기하는 내용은 무척 복잡하고 입에 붙지 않는 용어들로 되어 있다. 그러니 처음 입을 떼는 인사말부터 제안의 배경과 목적 페이지까지는 다른 부분보다 훨씬 더 많이 연습해야 한다. 딱 5분을 무사히 넘기면 그 다음은 안정을 찾고 연습한 대로 술술 잘 진행할 수 있을 것이다.

제안발표 스크립트
수정 & 연습하기

앞서 제안발표 스크립트를 슬라이드 노트 형태나 별도 대본 형태의 문서로 작성한다는 것을 알아보았다. 발표자는 이 2가지 방법 중 하나를 선택하는데, 어떤 형태의 스크립트가 되었든 스크립트를 계속 반복해서 읽어보고 작성된 문장과 단어를 자신에게 맞게 수정하는 작업을 해야 한다. 발표자가 자신의 언어습관과 어휘력 수준에 맞춰 발표 내용이 편하게 술술 나올 수 있는 상태로 수정해야 한다는 말이다.

특히 제안팀이 작성해준 스크립트를 받아서 프레젠테이션을 해야 하는 발표자는 이 작업을 더욱 꼼꼼히 해야 한다. 만약 그렇게 하지 않으면 전혀 이해되지 않는 대본을 들고 억지로 외워서 오디션을 보러 가는 거나 다름없다. 그러니 오디션에서 익숙하지 않은 문장 때문에 말이 꼬여서 망치게 될 것이 뻔해 보인다. 특히 말이 꼬이는 것을 주의할 필요가 있다. 프레젠테이션을 전체적으로 잘 숙지하고 연습했음에도 불구하고, 어느 한 부분에서 말이 꼬이면 그 다음에도 계속 영향을 줄 수 있다.

슬라이드 노트 형태의 스크립트는 그 페이지에서 반드시 언급해야 하는 키워드를 중심으로 작성하고, 발표자는 이를 바탕으로 자신만의 문장을 만들어 진행하면 된다. 예를 들어, '전문 솔루션', '많은 적용 사례 보유', '안정적인 서비스' 등의 키워드가 있다면 이를 엮어서 발표자가 편하게 풀어나갈 수 있는 형식의 문장 구성을 만드는 것이다. 여러 번 반복해 연습하면 별도의 대본이 없어도 완전한 문장으로 프레젠테이션을 할 수 있다.

이런 방식의 장점은 발표자료에서 키워드만 쏙쏙 뽑아서 인지하고 나면, 준비한 문장이 갑자기 생각나지 않아서 말문이 턱 막히는 비상사태가 발생할 위험이 적다는 것이다. 반면 단점은 발표자가 발표 준비에 조금 더 많은 시간과 노력을 들여야 한다는 점이다.

대본 형태의 스크립트는 발표자와 제안팀의 협업하에 인사말부터 마무리 멘트까지 대본처럼 문장을 완성한 상태에서 반복 연습을 통해 외우는 방식으로 진행된다. 제안서와 제안발표자료의 작성 의도를 정확히 전달할 수 있는 문장으로 준비할 수 있는 장점은 있으나, 단어가 갑자기 생각나지 않거나 하는 돌발변수로 인해 프레젠테이션 초반부 혹은 전체가 흔들릴 수 있는 위험 또한 존재한다. 이 방식으로 프레젠테이션을 준비하는 경우에도 완성한 대본을 발표자가 여러 번 연습하여 자신의 언어 습관에 맞게 수정하여 활용할 것을 권한다.

2가지 프레젠테이션 스크립트 방식 중 어떤 것을 선택하든 공통적으로 명심해야 하는 부분이 있다. 바로 전체적인 스토리라인을 숙지하는 것이다. 제안발표자료의 모든 페이지를 숙지하면 지금 발표하고 있는 페이지 다음에 나올 내용이 무엇인지 미리 알 수 있고, 그래야 페이지를 넘길 때 자연스럽게 연결할 수 있다. 이런 프레젠테이션은 발표자가 제안 내용을 정확하고 완벽하게 꿰뚫고 있다는 인상을 줄 수 있다. 발표자가 페이지를 넘긴 다음에야 화면을 보고 이야기를 시작하거나, 머뭇거리며 프레젠테이션을 한다면 평가위원들은 사업을 위한 준비가 덜 되어 있다고 느낄 수밖에 없다는 것을 명심하자.

제안발표 리허설은 실감나게

제안발표 리허설은 제안설명회 현장과 비슷한 상황을 연출하여 세 차례 이상 연습을 하는 것이 가장 좋다. 1차 리허설은 팀장이 참석하고, 2차 리허설은 본부장 참석, 마지막 3차 리허설은 임원이나 대표이사가 참석하는 식이다. 설령 발표 준비 기간이 짧더라도 나중에 후회하지 않으려면 최대한 리허설을 많이 해야 한다. 특히 발표자가 프레젠테이션을 많이 경험해보지 못한 사람인 경우, 더더욱 실감나는 리허설이 필요하다.

발표자는 먼저 혼자 프레젠테이션 연습을 시작한다. 파워포인트의 각 슬라이드별로 준비된 스크립트를 읽으면서 말이 너무 빠르거나 느리지는 않은지, 시간을 들여 설명할 페이지와 간단히 언급하고 지나갈 페이지는 어떤 것인지 등을 체크한다. 반복 연습을 통해 기본적인 것들이 어느 정도 숙지되면 1차 리허설을 한다. 혹시 제안발표의 내용을 고쳐야 한다면 1차 리허설 때 수정하면 된다. 아직 발표 연습 초기이므로 스크립트를 수정해도 큰 문제가 없다.

발표자의 태도, 손짓, 얼굴 표정 및 몸 동작도 1차 리허설 때 고칠 수 있다. 대표적으로 하지 말아야 하는 발표 태도가 몇 가지 있는데 레이저포인터를 계속 빙글빙글 돌리는 것, 슬라이드쇼 화면만 바라보고 읽는 것, 한 자리에 꼼짝 않고 서서 동일한 목소리 톤을 끝까지 유지하는 것 등이다.

레이저포인터를 사용할 때는 필요한 위치를 한 번 비춰서 가리키고는 바로 끄고, 평가위원들이 다시 발표자를 볼 수 있도록 해야 한다. 화면만 보지 말고 평가위원들을 보면서, 가능하다면 아이 컨택을 하면서 말하는 것이 좋다. 스크린 옆 또는 발표자료가 있는 노트북 근처에서 꼼짝 않고 선 채로 내내 말하는 것보다는, 자연스럽게 몇 발자국 움직이거나 팔로 제스처를 취하는 것이 좋다. 제안발표가 긴장되기는 하겠지만, 말하는 사람이 너무 긴장해 딱딱하면 듣는 사람도 마찬가지로 긴장하고 딱딱해진다는 것을 명심하자.

아이 컨택 얘기가 나온 김에 좀 더 말하자면, 꼭 제안발표가 아니더라도 프레젠테이션에서 청중을 바라보지 않고 뒤쪽 벽에 있는 시계만 바라보거나 스크린만 뚫어져라 보면서 말하는 것은 아주 좋지 않다. 하지만 매번 청중과 눈을 하나하나 맞추는 건 현실적으로 힘들다. 발표 내용을 준비한 대로, 틀리지 않는 것에 집중하는 것도 힘든데 사람들 눈까지 봐야 하다니! 특히나 우리나라는 문화의 특수성 때문에 다른 사람의 눈을 똑바로 쳐다보는 것도 힘들어하는 사람이 많은데 말이다.

여기서 간단한 발표 팁 몇 가지를 공개한다. 먼저 청중 중 한 명을 고른다. 제안발표라면 의사결정권이 있을 것 같은 사람(CEO나 평가위원장 등)을 찾는다. 그리고 프레젠테이션을 하는 동안 그 사람을 주로 바라본다. 아니면 고개를 끄덕이거나 표정이 좋은 사람을 찾아 그 사람을 보면 된다. 발표자에게 우호적인 사람을 자주 보면 마음의 안정을 찾을 수 있기 때문이다. 만약 의사결정권자나 우호적 반응을 보이는 사람을 찾기 힘들면 골고루 시선을 주는 전략을 쓸 수 있다. 이때는 청중이 앉아 있는 영역을 왼쪽, 중간, 오른쪽으로 삼등분하여 차례로 돌아가며 한 사람씩 임의로 아이 컨택하면 된다. 꼭 눈을 마주치지 않아도 괜찮다. 상대방의 코나 인중을 바라보면 된다. 그러면 상대방은 아이 컨택하고 있다고 생각할 수 있다. 이것만 연습해도 아이 컨택이 조금은 쉬워질 것이다.

2차 및 3차 리허설에서는 말이 꼬이는 부분이나 흐름이 좋지 않은 문구 위주로 조금씩 수정하면 된다. 마지막 리허설 때 제안발표의 틀을 흔드는 것은 삼가해야 한다. 발표자가 당황해서 스트레스를 받을 수 있고, 그동안 연습해오던 내용과 마지막 리허설 때 바뀐 내용이 헷갈리는 상황이 발생하여 오히려 발표를 망칠 수도 있다. 그래서 나는 마지막 리허설 때는 절대 잘못된 부분을 지

적하지 않는다. 잘하셨다고, 잘할 수 있을거라고 격려하는 것으로 충분하다.

Q&A도 리허설이 필요하다

"Q&A까지 리허설을 해야 하나?"라고 물어볼 수 있다. 대답은 "당연하지!"다. 당연히 Q&A도 리허설을 해야 한다. 제안발표 자체는 경쟁사와 비슷한 수준이거나 심지어 조금 부족해도 Q&A에서 이를 충분히 만회할 수 있다. 청산유수와 같은 훌륭한 프레젠테이션을 하지 못했다 해도, 평가위원들의 질문 하나하나에 PM의 기술력과 경험을 담아 잘 답변하면 그것만으로도 엄청난 신뢰를 얻을 수 있다.

Q&A 리허설은 미리 준비한 예상 질문과 답변 내용을 중심으로 진행한다. 작성된 추가 파워포인트 자료가 있으면 해당 페이지를 화면에 띄워놓고 실제 제안발표회에서 하듯이 답변하면 된다. 리허설 참석자 중 누구나 질문할 수 있지만, 특별히 한 사람 정도는 날카롭게 질문을 던지는 사람이 있으면 좋다. 미리 준비되지 않은 돌발질문을 하는 것도 괜찮다. 이 사람의 역할은 혹시 있을지도

모르는 '안티anti 인사', 즉 비정상적으로 유독 우리 회사에 부정적으로 대하는 평가위원에 대비하기 위한 것이다.

제안발표장에 가보면 거의 대부분 평가위원 한 사람 정도는 '안티'의 태도와 말투로 질문공세를 펼친다. 경쟁사에 이미 포섭된 사람일 수도 있고, 단지 제안 내용에 의문이 있어서 질문을 한 건데 원래 말투가 그럴 수도 있다. 어떤 상황이든 질문을 받는 발표자는 질문의 내용보다 말투와 분위기에 주눅이 들고 더 긴장되어 제대로 된 답변을 못하고 어버버거릴 수 있는 확률이 높다. 이때 똑바로 눈을 쳐다보면서 자신 있는 말투로 답변할 수 있는지가 최대의 관건이 된다. 그 상황을 미리 연습하지 않으면 실전에서는 진땀만 빼다가 고개를 푹 숙이고 발표장을 나올 수도 있다.

발표자가 질문을 받을 때의 태도 또한 연습할 수 있다. 평가위원이 질문을 시작하면 일단 발표자는 그 사람 쪽으로 한 발자국 정도 다가가거나 몸을 돌려 쳐다봐야 한다. 가능하면 그 사람의 눈을 보는 것이 좋다. 질문 도중 끄덕끄덕 고갯짓을 하는 등 잘 듣고 있다는 리액션을 곁들이면 더 좋겠다. 그리고 질문이 끝나면 "아주 중요한 질문을 해주셨습니다" 혹은 "방금 위원님께서 이러이러한 질문을 해 주셨는데요,"라는 말을 하면서, 속으로는 답변을 생각할 수 있는 시간을 벌 수 있다.

앞서 Q&A에서 제1원칙은 질문에 대한 답변을 무조건 발표자가 하는 것이라 했지만, 좀 더 상세하거나 전문 분야의 답변이 필요한 경우는 발표자가 먼저 개략적인 내용으로 답변한 후 배석한 담당자에게 발언기회를 넘겨야 한다. 스튜디오의 아나운서가 현장의 리포터에게 마이크를 넘기는 것을 생각하면 된다. 상세한 기술 구현 내용이나 회사에 대한 영업 상황, 회사의 공식적인 답변을 요청할 경우에 대비해서 제안발표회장에 배석할 대상을 미리 선정하고 답변해야 할 부분을 할당한 다음 함께 연습해보자.

온라인 발표 준비하기

최근 제안서 제출과 평가는 온라인으로 이뤄지는 추세다. 사업 예산 10억 원 이하의 공공기관 사업은 종이가 아닌 PDF 파일 형태로 제안서를 받는 온라인 제출은 벌써 10여 년 전부터 시행되고 있었지만, 활용이 잘 되지 않다가 최근 다시 이용하는 기관이 늘고 있다. 게다가 코로나19의 영향으로 재택근무가 확산되면서 일반 기업에서 발주하는 사업의 제안발표도 온라인 화상 평가로 진행하는 경우가 크게 늘었다. 이제는 온라인 발표를 반드시 준비해야 하는 시대가 된 것이다.

공공사업 온라인 평가의 경우 초기에는 프레젠테이션 없이 제안요약서만으로 평가하고 텍스트 채팅창을 통해 질문과 답변을 진행하는 방식으로 운영되기도 했지만, 이제는 프레젠테이션도 온라인으로 진행하고 있다. 조달청에서 제안발표를 위한 시스템을 별도로 만들어 제공하고 있는데, 공공사업에 참여하려면 이 시스템을 활용하여 제안발표하는 것에 미리 익숙해져야 한다. 나라장터 e-발주시스템 홈페이지에서 제공하는 각종 매뉴얼과 가이드를 참고하는 것이 좋다.

대면 발표 시에는 익숙하지 않은 발표회장에서 처음 본 사람들 앞에서 발표를 해야 한다. 하지만 온라인 발표에서는 우리 회사 내 회의실에서, 지금껏 제안 준비를 같이 해왔던 동료들과 함께 발표하게 된다. 그런 면에서 발표자는 어쩌면 온라인 발표가 더 편할지도 모르겠다.

그렇지만 온라인 발표에서도 신경 써서 준비해야 하는 부분이 꽤 있다. 인터넷 속도가 확실하게 보장되는지, 화상캠과 마이크, 스피커의 성능은 괜찮은지, 하울링 현상이 생기지는 않는지 등이다. 화상회의를 해본 사람은 알겠지만, 나는 상대방의 소리가 잘 들리는데 상대방은 내 목소리가 '웅—' 혹은 '삐—' 하는 소리와

섞여서 잘 들리지 않는 경우가 있다. 특히 하울링은 마이크와 스피커가 가까운 거리에 있어 마이크로 들어간 소리가 스피커로 나오고 다시 마이크로 들어가는 것을 반복하면서 소리의 증폭이 계속적으로 나타나는 현상이다. 이런 경우 마이크와 스피커 대신 헤드셋을 사용하거나, 지향성 마이크를 사용하는 방안이 있을 수 있다. 그러나 제안발표에서는 평가위원들의 질문을 모두 함께 들으면서 대응해야 하므로 헤드셋은 해결책이 아닐 수 있다. 내가 본 온라인 제안발표 전문 회의실의 모습이 좋은 힌트가 되지 않을까 한다.

일명 방송실이라고 부르는 이 공간은 책상 하나만 있는 조그만 회의실이다. 책상 위는 마치 유튜버의 방송 공간처럼 마이크와 조명 장치가 설치되어 있고, 책상의 양 옆과 뒤는 책으로 가득 찬 책장으로 둘러져 있다. 얼핏 보면 어수선해 보일 수 있지만 이렇게 한 데는 이유가 있다. 바로 책이 흡음 역할을 해주어서 하울링 현상을 막아주기 때문이다. 만약 책장 설치가 어렵다면 두꺼운 커튼으로 전체 벽면을 가려주는 것도 좋다.

이제 발표자는 이렇게 준비된 '방송실'에서 카메라 앞에 앉아 프레젠테이션과 Q&A를 진행하는 연습도 필요하게 되었다.

제9장

제안결과: 결정은 내려졌다

| 미래를 위해 복기하고 준비할 시간 |

수주 성공과 실패를 넘어
다음을 위한 준비가 필요하다

미래를 준비하는 시간

　제안서와 제안발표자료를 제출하고, 프레젠테이션까지 끝나면 제안팀이 할 일은 다 했다. 아니 다 했다고 생각할 수 있다. 하지만 끝날 때까지 끝난 게 아니듯, 아직은 제안팀의 일이 조금 남았다. 바로 제안결과 분석이다.

　제안발표가 끝나면 결과가 나온다. 결과는 수주 아니면 실주, 2가지밖에 없다. 수주하게 되면 축하 회식을 하고, 실주하면 분위기가 싸늘해진다. 어쩌면 실주했으니 서로를 위로하는 차원으로 회식을 할 수도 있겠다. 수주하면 서로 고생했다면서 공치사를 주거니 받거니 하겠지만, 실주하면 다들 말을 아낀다. 하지만 제안팀은 결과 그 자체에 휩쓸리기보다는 차분하게 분석을 해야 한다. 수주했으면 수주 원인을, 실주했으면 실주 원인을 찾는 것이다.

  수주 원인을 찾기는 어렵지 않다. 조달청 사업의 경우 각 입찰업체별 점수표를 상세하게 공개하기 때문에 이것을 보면 제안서의 어떤 부분에서 좋은 점수를 받았는지를 알 수 있고, 운이 좋은 경우 고객사 담당자로부터 평가 의견 내용을 전달받을 수도 있다. 제안팀 내부에서 자체적으로 분석한 결과와 합치면 '제안전략이 고객사의 사업방향과 잘 맞았다', 'PM이 제안발표를 아주 잘해줬다', 아니면 '가격 입찰에서 아슬아슬하게 점수를 조금 더 얻어서 최종 수주에 성공했다'와 같이 분석할 내용을 비교적 쉽게 알 수 있다.

  문제는 실주 원인이다. 고객사 담당자가 직접 실주 원인을 알려주는 경우도 있겠지만, 대부분은 실주 원인을 정확하게 알 수 있는 방법이 없다. 대부분은 제안발표장에서의 분위기나 평가위원들의 발언이나 반응으로 유추하기도 하고, 이런저런 정보로 미루어 짐작해볼 수도 있겠다. 가능하다면 고객사 담당자에게 직접 실주 원인에 대한 의견을 듣는 것이 좋다. 물론 쉬운 일은 아니겠지만, 고객사로부터 받는 정보가 가장 정확하고 미래의 사업을 위한 준비로도 가장 바람직하다. 또 경쟁사 또는 주변 다른 업체나 관계자들을 총동원하여 실주 원인에 관한 정보를 수집해야 한다. 이렇게 수집된 정보를 분석하여 영업대표를 비롯하여 제안팀 모두가 공유하도록 한다. 실주하지 않으려면 어떻게 했어야 하는지에 대한 고민도 함께 하면 좋겠다. 흔히 'lessons learned(경험을 통한 배움)'이라고 부르는 그 활동 말이다.

실주 원인을 분석하는 일은 참 껄끄럽다. 실주 원인을 찾고 분석하는 작업은, 혹여 누구 책임인지 가려서 비난하려고 하는 것이 아닌가 생각되기 쉬워서이다. 실주 원인을 찾는 것은 절대 그런 목적이 아니다. 수주영업과 제안 작업을 하면서 어떤 부분에서 부족했는지, 어떤 상황이었는지 등을 파악해서 다음번 사업에서는 똑같은 실수를 되풀이하지 않기 위해서다. 사업 실주로 인해 다들 그동안의 노력과 시간, 비용이 허무로 돌아갔음에 허탈해하면서도, 제대로 된 원인을 파악하고 방법을 논의하고 연구해두지 않으면 같은 실패를 되풀이할 수밖에 없다. 성공 사례보다 실패 사례에서 더 많은 것을 얻을 수 있어야 한다. 그러기 위해서는 실주 원인을 찾을 때 누군가를 비난하거나, 책임을 떠넘기려는 의도는 배제하고, 사실 관계 위주로 정보를 수집해야 하며 그에 대한 분석과 판단은 객관적이어야 한다.

제안 결과 수주 원인과 실주 원인을 찾았다면 다음 할 일은 이를 기록으로 남기는 것이다. 실주 원인을 찾는 것만으로도 껄끄러운데 기록으로까지 남기는 건 더더욱 저항을 불러오게 될 것이다. 그래도 할 수 없다. 기록하고 사내 문서로 관리해야 한다.

제안서 대장 기록하기

수주 혹은 실주의 원인과 그 분석 내용을 기록하고, 제안 작업이 있을 때마다 이 작업들을 반복하여 수주와 실주 관련 데이터를 축적하는 것이 필요하다. 이때 만들게 되는 문서가 제안서 대장이다. 이 제안서 대장은 제안서 작업을 할 때마다, 마치 루틴처럼 업데이트해야 한다. 대장臺帳은 어떤 것을 기록하는 데 바탕이 되는 장부를 말한다. 제안서 대장을 만드는 것은 제안 작업과 그 결과에 대한 사항을 기록으로 남길 뿐 아니라, 제안의 결과를 제대로 분석해서 다음 번에 활용하기 위함이다.

제안서 대장은 기록하기 쉽고 찾아보기 쉽도록 엑셀로 작성하면 좋다. 엑셀을 이용하면 여러 편리한 기능을 활용할 수 있다. 제안서 대장에 필요한 항목들은 사업명, 고객사명, 제안 제출일, 영

○○○○년 제안서 관리 대장

No.	사업명	고객명	제안 제출일	영업 담당	컨설팅 담당	수주 여부	제안 SI사	기타
1.	○○시스템 고도화	△△△	1.16	홍길동	홍인형	실주		
2.	차세대 ○○ 시스템 구축	○○○	1.19	이몽룡	성춘향	드롭	A사	
3.	○○○○시스템 고도화	△△	2.5 2.19	심학규	뺑덕이	1,2차 유찰 후 수주 ⇨ 자폭	B사, C사	
4.	통합 ○○ 시스템 구축	○○	2.28	콩쥐	팥쥐	수주		

결과/원인분석	수주 ☆	실주 ★	드롭 ■	기타(지연 등) ◉
경쟁사 : ㄱ사 기존 ○○ 윈백(Windows ⇨ Java): 제안 가격에서 차이가 많이 남		★		
A사에 솔루션 납품 형식으로 진행 중 포기			■	
무응찰, 단독응찰 ⇨ B사가 수주하였으나 후에 고객 측 요구로 당사 사업부문이 취소됨				◉
	☆			

자료 35 제안서 대장 예시

업대표, 제안담당자, 수주 여부, 원인분석 등이 있는데, 관리해야 할 항목이 더 있다면 얼마든지 쉽게 컬럼을 추가하여 만들 수 있다. 새로운 제안 건이 생겨 기록할 때 행을 추가하고 일련번호를

붙일 때도 편리하다. 연도별로 제안서 대장을 관리할 때는 시트sheet를 추가해서 쓰면 된다.

항목별 기록 방법에 대해 자세히 살펴보자. No.는 일련번호, 사업명은 사업 제안요청서에 나온 정식 명칭, 고객사명은 사전영업을 위해 관리하는 것과 마찬가지로 고객사의 전체 이름full name을 사용한다. 제안제출일을 적을 때는 제출일 순으로 정렬sorting하는 것을 염두에 두어야 한다. 제안요청 공고일 또는 제안시작일은 기록해둔다는 정도의 의미밖에 없지만, 제안제출일은 중요한 날짜다. 영업 담당, 컨설팅 담당은 각각 영업대표 이름과 제안 PM 이름이다. 필요하다면 추가로 수행 PM 이름을 적는 컬럼을 두어 관리할 수도 있다. 제안 SI사(주관사업자) 컬럼은 해당하는 경우에만 입력하면 된다. 즉, 단독제안이나 자사가 주관사업자로 참여하는 사업이 아니라 우리 회사가 하수급(하도급)으로 참여하는 사업인 경우에 사업을 주관할 업체의 이름을 적는다.

수주 여부 컬럼에는 수주와 실주뿐 아니라 다른 내용이 들어갈 수도 있다. 사실 사업이 수주와 실주, 딱 2가지 결과로 양분되지는 않기 때문이다. 때로는 VRB 회의 등을 거쳐 제안을 포기drop하기도 하고, 고객사 측의 이유로 사업 자체가 중단되거나, 아니면 그냥 결과 발표가 미뤄지게 되는 경우도 발생한다. 사업이 중단되거나 결과 발표가 계속해서 미뤄지는 경우는 해당 사업이 완전히 없어지는 경우도 있고, 그 다음 해에 다시 진행될 수도 있는데, 어떤 경우든 제안서 대장에 결과를 기록해놓는 것이 좋다. 제안에 참여한 사람들이 아무리 많아도 시간이 지나면 해당 사업에 대한 기억이 희미해지거나 왜곡될 수 있고, 심지어는 제안에 참여했던 사람이 퇴사하는 경우도 생긴다. 제안 작업 같은 중요한 업무의 결과를 제안서 대장으로 기록하고, 회사의 자산으로 삼아야 하는 이유이기도 하다.

제안서 대장은 제안 결과에 대한 상세하고 객관적인 기록이다. 제안서 대장은 어느 한 사람이 관리해도 되고, 팀으로 관리해도 된다. 엑셀 파일을 이용한 수작업 관리도 좋고, 시스템으로 만들어 관리해도 좋다. 어떤 방법으로 관리하든 중요한 것은 지속적으로 하는 것이다. 한두 번 정도 기록하다 그만두는 것은 별로 도움이 되지 않는다. 아예 제안 프로세스의 한 단계로 정규화시켜서 운영하는 것이 좋다. 제안을 준비하다 포기한 사업을 포함하여 모든 사업에 대해 빼놓지 말고 기록하는 것도 잊지 말도록 하자.

왜 제안 결과를 기록하는가?

제안 결과를 분석하는 이유와 제안서 대장을 통해 그 내용을 잘 기록하는 방법에 대해 알아보았다. 그런데 왜 굳이 이런 작업을 해야 하는지에 대한 의문이 생길 수도 있다. 제안 작업의 기록을 남겨서 무엇을 하려고 하는 것일까?

바둑에는 복기復棋라는 것이 있다. 한 번 두고 난 바둑의 판국을 분석하기 위해 다시 처음부터 똑같이 놓아보는 것이다. 2016년 알파고와 세기의 대결을 펼친 이세돌 9단도 첫 3번의 대국에서 패하고는 선배 기사 2명과 함께 밤 늦게까지 복기를 했다고 한다. 그러면서 알파고의 약점을 찾아내고, 이길 수 있는 방법을 궁리했다는 것이다. 인간도 아닌 컴퓨터를 상대로 한 대전에서 복기하는 것이 의미가 있을까 싶은 생각이 들 수도 있었을 상황이다. 하지만 결국은 해냈고, 인류 최초이자 마지막일 수도 있는 1승을 이룬 것이다. 이런 것이 복기의 힘이다.

제안 결과를 기록하는 것 자체는 목적이 아니다. 제안서 결과를 알고 그 내용을 미래의 사업에서 성공하는 데 도움이 될 수 있는 방향으로 활용하기 위한 것이다. 그러려면 정기적으로 관련자들이 모여서 사업에 대해 복기를 하는 것이 좋다. 제안서 대장에 축

적되어 있는 데이터가 많을수록, 사업의 방향과 제안전략에 대한 인사이트를 얻을 수 있을 것이다. A고객사는 하나의 사업을 해를 넘겨가며 질질 끄는 경향이 있고, B고객사는 내년쯤 재구축 사업을 발주할 수 있을 것 같다는 등이다. C고객사에는 추가 제안을 하는 것이 소위 '잘 먹히는' 전략이었다는 것을 알 수도 있다.

제안 결과뿐 아니라 과정에 대한 복기도 필요하다. 과정은 좋았지만 결과가 좋지 않았다면 그냥 운이 안 따라주어서라고 위로할 수 있다. 반대로 과정은 좋지 않았는데 결과가 좋았다면 그건 단순히 운의 문제가 아니라 위험 신호라고 생각해야 한다. 한 번의 성취에 취해서 그 다음 사업에서 좋지 못한 과정을 되풀이하고도 좋은 결과를 바라게 될 것이기 때문이다. 그래서 제안 과정에 대한 복기는 제안 프로세스 자체에 대한 개선의 기회가 될 수도 있다. 제안작성 기간이 짧은 경우, 수행 PM이 늦게 정해지는 경우, 컨소시엄을 구성해서 참여하는 경우 등 각 사업의 특성에 따라 적절한 방안을 찾을 수 있을지도 모른다.

나는 10년 가까이 제안서 대장을 관리했다. 처음에는 제안을 주 업무로 하고 있는 팀의 특성상 팀내 커뮤니케이션과 업무 실적을 관리하려는 용도였다. 그래서 실주 원인도 나름대로 객관적으로 작성하려고 노력은 했지만, 제안팀(컨설팅팀)의 입장에서 쓰여진 것이 꽤 있었다. 그러다가 사업부 차원에서 예전 사업의 실주 원인 기록을 찾으면서 내가 관리하고 있던 제안서 대장을 전사에 공개하게 되었다. 당시에는 실주 원인에 대한 견해가 다를 수 있음에 대한 양해를 구하기는 했으나, 시간이 지나면 그것도 잊혀지고 기록만 남을 것이다. 기억은 잊혀지고 사람도 떠날 수 있지만, 기록은 남아서 계속 새로운 사업을 영위할 수 있는 발판이 된다.

나오며

핵심 역량 키우기

2016년 여름, 처음으로 제안 관련 책을 쓰기로 마음먹고 책의 기본적인 컨셉과 목차를 정한 이후 오랜 시간이 흘렀다. 그동안 꽤 많은 것이 변했다. 전 세계를 코로나 팬데믹이 휩쓸었고, 이로 인해 제안서도 온라인 제출과 온라인 발표가 대세가 되었다. 나도 12년 넘게 몸 담고 있던 핸디소프트를 퇴사하고 1년 정도 AI(인공지능) 전문 회사에서 일했다. 그 회사에서도 한 일은 결국 절반 이상이 제안이었다.

이후에도 이런저런 인연으로 다양한 조직에서 다양한 사업을 위한 제안서를 쓸 기회를 가질 수 있었다. 그중에는 일손이 부족해서 나를 찾은 경우도 있었지만 제안을 이끌어줄 PM이 필요한 경우도 있었는데, 그 회사의 제안팀 중 한 명이 나에게 아주 신선한 충격을 주었다. 제안 PM이 되고 싶다고 말한 것이다. 핸디소프트에 있을 때 J씨가 "제안이 재미있어요!"라고 한 이후로 가장 기억에 남는 사건이었다(내가 알고 있는 사람들 중에는 제안을 기피하는 사람들이 대부분이라 제안이 재미있다거나 제안 PM을 하고 싶다는 사람을 찾기 힘들다).

하지만 그 팀의 대부분은 초보여서 프로젝트가 끝나고 난 뒤 제안 특강을 해주게 되었다. 특강을 하는 것은 계약사항에 없는 일이었지만 팀 전체가 제안에 열심이었고, 제안 PM까지 하고 싶어 하니 나도 뭔가 더 알려주고 싶은 마음이었다. 그때 이 책이 완성되어 있었다면 제안 초보들이 제안서 작성 시 실질적으로 갖춰야 하는 역량도 알려줄 수 있었을 텐데 그게 좀 아쉽다. 그래서 지금부터 소개하고자 한다.

제안에 필요한 역량

1) 기초체력

제안 작업에 필요한 역량을 꼽으라면 가장 먼저 체력을 들고 싶다. 제안서를 쓰는 사람은 적어도 기초체력이 받쳐줘야 한다. 제안서를 쓰는 기간이 40일이든, 일주일이든 마감 직전에는 피로가

누적된 상태에서도 최고의 집중력을 발휘해야 하기 때문이다. 체격이나 근력 이야기가 아니다. 식스팩은 전혀 필요하지 않다. 그런 것보다는 꾸준히 컨디션을 유지하면서 제안 작업을 할 수 있는 체력을 말하는 것이다.

제안서 작성이 주 업무였던 컨설팅팀에 근무하면서 제안 작업은 마라톤 같은 것이라고 생각했다. 2018년 베를린 마라톤에서 우승한 엘리우드 킵초게가 2시간 1분 39초의 기록을 수립할 당시 속도는 평균 시속 20.98km/h였다고 한다. 100m를 17.29초에 주파하는 속도로 42.195km를 달린 셈이다. 보통 사람이 보면 정말 엄청난 속도임에 틀림없다. 그런 킵초게의 세계 기록과 비교할 수는 없겠지만 제안 작업도 스타트 라인부터 결승점까지 페이스를 조절해야 하고, 쉬운 구간과 어려운 구간이 있으며 전력질주 해야 하는 구간도 있다. 제안서를 쓰면 쓸수록 실제 뛰고 있지 않을 뿐이지 마라톤처럼 달려야 한다는 느낌을 많이 받게 된다.

어떤 사람들은 '기초체력'이라 쓰고, '강인한 체력'이라 읽기도 한다. 하지만 너무 겁먹을 필요는 없다. 강인한 체력을 가지지 못했더라도 제안서를 쓰는 데는 아무런 문제가 없다. 밤을 새지 않으면 되기 때문이다. 참고로 나는 핸디소프트에 근무한 기간 동안 스스로 "땡순이"라 부를 정도로, 정시 퇴근이 원칙인 사람이었다.

심지어 제안 작업을 할 때조차도 아주 급하지 않으면 오후 6시에 자리에서 일어났다. 그러니, 당신도 할 수 있다. 기초체력만 충실하게 만들어놓자. 기초체력은 제안서뿐 아니라 일상의 삶에도 충분히 도움이 될 것이다.

2) 독해력 및 문해력

제안서를 위한 두 번째 역량은 독해력이다. 아니 문해력이라고 하는 것이 더 맞겠다. 독해력이나 문해력이나 둘 다 '글을 읽고 뜻을 이해하는 능력'이므로 의미에 큰 차이가 없다고 생각할 수도 있다. 하지만 제안서에 필요한 역량의 관점에서 본다면 문해력 쪽이 더 적절할 것 같다.

2021년 3월 EBS에서는 〈당신의 문해력〉이라는 프로그램을 방영했다. 프로그램의 공식 홈페이지에는 "글을 읽고 의미를 이해하는 능력이라는 뜻의 문해력. 하지만 어느 순간부터 읽어도 이해하지 못하는 사람들이 늘어나고 있다"라고 적혀 있다. 프로그램은 주로 초등학생을 대상으로 제작되었지만, 성인도 문해력 테스트를 해볼 수 있다[10]. 나도 해봤는데, 쉽지 않았다. 이 테스트를 해본다면 글자를 읽을 줄 아는 것과 문장을 이해하는 것과의 사이에는 상당한 차이가 있다는 것을 알 수 있을 것이다.

제안서를 쓸 때 필요한 독해력 혹은 문해력 수준은 수 십 장씩 되는 제안요청서를 읽고 그중 고객이 가장 원하는 내용이 무엇인지, 우리 회사에서 특장점으로 내세울 수 있는 부분이 어떤 것인지, 사업 수행 중에 발생할 수 있는 위험은 없는지 등을 파악할 수 있는 정도는 되어야 한다. 이는 단순히 읽고 이해하는 능력뿐 아니라 우리 회사의 제품과 기술력 등에 대한 이해가 있어야 가능하다. 기본적인 문해력에 더해 제안 내용에 관련된 기본 지식도 필요하다는 말이다.

출퇴근길에 드라마나 웹툰 말고 신문기사 같은 텍스트를 읽는 것도 괜찮은 방법이다. 그러나 이왕이면 우리 회사의 제품소개서와 기술문서들을 읽는 것이 더 좋겠다. 문해력과 제안을 위한 기본 지식 습득을 동시에 기대할 수 있으니, 일석이조가 될 수 있다.

거기서 좀 더 나아가려면 경쟁사의 제품소개서를 입수해 읽어보는 것을 권하고 싶다. 그러면 경쟁사 제품과의 장단점 비교에서부터 시작해서, 전략 수립까지 자연스럽게 제안서 작성에 필요한 역량을 쌓아 나갈 수 있을 것이다.

다시 성인 문해력 테스트 이야기로 돌아가보면, 나는 11개 문항

---

10 포털 사이트에서 'EBS 〈당신의 문해력〉 테스트 문항' 검색

중 8개를 맞췄다. 주변의 다른 직장인들도 8문제 정도가 평균이었다. 나만 만점을 받지 못한 게 아니라는 뜻이니 덜컥 겁을 먹을 필요는 없을 것이다. 특히 제안요청서를 읽고 이해하는 역량에 대해서는 걱정하지 않아도 좋은 포인트가 2개나 있다. 첫 번째는 제안요청서가 대개 비슷한 구성을 하고 있다는 것이다. 몇 번 보다 보면 제안요청서라는 문서에 익숙해질 수 있고, 다음 사업에서는 더 나아질 것이다. 두 번째는 모르면 물어볼 수 있다는 점이다. 전화나 이메일로 물어볼 수 있도록 제안요청서에는 고객사 사업 담당자의 연락처가 기재되어 있다. 사업을 발주한 고객 담당자에게 직접 물어보면, 어떤 의도로 써놓은 것인지 보다 확실하게 파악할 수 있을 것이다.

3) 문서작성 능력

뭐니뭐니 해도 제안서 작성에서 가장 중요한 역량은 문서 작성 능력이다. 한글이든, MS워드든 혹은 파워포인트든 문서 작성 툴을 잘 사용하는 능력을 비롯해, 문장을 만들어내는 작문 능력과 표나 이미지, 다이어그램을 이용한 시각화 능력도 포함된다. 문서 작성 능력은 요즘은 초등학생부터 흔히 갖추게 된 역량인 것 같다. 그러니 문서 작성 능력에 있어서는 적어도 초등학생보다는 좀 더, 아니 상당히 잘할 수 있어야 제안서 좀 쓴다고 말할 수 있지 않을까?

반면 현재 직장인들의 대부분은 이런 스킬을 체계적으로 배운 적이 없거나, 배웠어도 너무 옛날이라 지금은 거의 쓸모가 없어졌다. 문서 작성 툴은 계속해서 새로운 버전이 나오고, 그에 따라 활용 기술도 업그레이드 되어야 하지만 이 변화를 따라가기가 만만치 않다. 그래도 어쩔 수 없다. 계속해서 배워야 한다.

그나마 위안이 되는 것은 도움을 얻을 수 있는 방법이 많다는 것이다. 유튜브나 네이버에서 검색하는 것만으로도 어렵지 않게 원하는 것을 찾을 수 있다. 나도 가끔 기억이 안 나거나 더 좋은 방법을 찾고 싶을 때는 서치에 몰두하곤 한다. 그러면 해법이 나온다. 끊임없이 배우고, 배운 것은 꼭 써먹어야 내것이 된다. 배우고, 업그레이드하고, 적용하는 경험들이 쌓인 뒤에야 비로소 내 역량이 되는 것이다.

제안서를 쓰는 일은 거의 대부분이 문서와 씨름하는 과정이라 문서 작성 툴을 잘 쓰는 것이 중요하다. 더 정확히 말하면 문서 작성에 필요한 '일부' 기능을 이용하여 더 '빨리' 문서를 작성하는 능력을 기르는 것이 중요하다. 파워포인트를 예로 들면, 애니메이션 효과를 화려하게 잘 넣는다든가 동영상 같은 개체를 삽입하는 요령은 제안서에는 별 쓸모가 없다. 대신 표 그리기나 개체 맞춤, 글꼴, 단락 등 문서 작성 기능에 집중하는 것이 낫다. 진짜 노하우는 단축키 사용과 서식 복사 같은 기능을 능숙하게 사용할 줄 아는 것이다. 파워포인트의 일반적인 사용법을 가르쳐주는 학원 강의와 달리 제안서를 위한 파워포인트 사용법은 따로 있다.

4) 협업 능력

마지막으로 제안서 작성을 위해서는 협업 능력이 필요하다. 어쩌다 제안서를 혼자 쓸 수는 있지만, 계속 혼자 쓸 수는 없다. 또 그렇게 혼자 쓴 제안서가 계속 성공할 수도 없다. 제안서는 다른 사람들과 함께 쓰는 것이고, 그래서 협업 능력이 반드시 필요하다.

한때 기업 활동에서 '협업'이라는 단어가 핫한 주제였던 적이 있다. 그전까지 메일이나 게시판으로 어려움 없이 협업해왔음에도, 소통 기능을 중시한 협업 툴인 '잔디'나 '슬랙' 등이 반드시 필요한 대안으로 손꼽히기도 했다. 하지만 아는 사람은 다 안다. 협업은 어떤 특별한 도구를 통해서만 할 수 있는 것이 아니다. 다른 사람과 소통하고 같이 문제를 해결해 나가려는 자발적인 노력이 우선이다.

제안서를 쓰는 사람은 성공적인 제안을 위해 회사 내 거의 모든 조직과 커뮤니케이션 해야 하는 중심에 있는 사람이라고 생각하면 된다. 다행히 전사적으로 네 일, 내 일 가르지 않고 서로 잘 도와주는 문화가 정착되어 있다면 더할 나위가 없겠지만, 그렇지 않은 경우도 분명히 있다. 만약 후자라면 제안서 작업을 할 때마다 힘들 수밖에 없다. 제안서에 꼭 필요한 어떤 내용을 요청했는데, 자기 일이 바쁘다는 핑계로 차일피일 미루기만 한다면 어떻게 해야 할까? 부서 간 업무 공조를 위해 공식적인 절차를 거쳐 요청하는 게 가장 좋겠지만, 여의치 않으면 개인적으로 협조를 부탁하는 길도 있다. 뭐가 되었든 괜찮으니 지속적으로 운영할 수 있는 최적의 방법을 찾으면 된다.

제안 작업은 회사의 구성원 전체의 공동 미션이다. 회사 내 여러 사람들과 협업하기 위한 노력을 해야 하고, 제안과 관련된 사람들도 모두 함께 노력해야 한다. 협업은 혼자 하는 것이 아니라는 것을 명심하자.

모쪼록 이 책이 제안에서 이기고자 하는 많은 직장인들에게 도움이 되기를 원한다. 특히 제안서를 처음 써보는 초보들의 막막함을 조금이나마 해소해줄 수 있다면 기쁠 것이다. 제안 PM을 꿈꾸는 이에게는 길잡이가 되어줄 수 있었으면 한다.

앞으로의 B2B 수주 사업에서 고객사와 우리 회사 모두 윈-윈

할 수 있는 좋은 결과를 얻을 수 있기를 기원하는 마음으로 글을 맺는다.